LES CONTES DES CONTES.

Par Mademoiselle de ***.

TOME PREMIER.

A PARIS,
Chez SIMON BENARD, ruë S. Jacques,
au dessus des Mathurins au Compas d'Or.

M. DC. LXXXXVIII.
AVEC PRIVILEGE DU ROY.

LE LIBRAIRE
AU LECTEUR.

AYANT vû que les Contes des Fées avoient eu un si grand succés, j'ay demandé ceux-cy qui sont composées il y a déja quelque tems. Je ne les ay pû obtenir qu'avec peine. Ils ont eu une si grande approbation des personnes de qualité qui les ont vûs, que je ne crains point de hazarder en les nomant, Les Contes des Contes.

TABLE
DES CONTES
CONTENUES DANS CE
PREMIER VOLUME.

PLus belle que Fée, page 1.
Persinette, 97
L'Enchanteur, 133
Tourbillon, 211

Extrait du Privilege du Roy.

PAr grace & Privilege de Sa Majesté. Donné à Paris le 27. Juillet 1697. Il est permis à SIMON BENARD Libraire à Paris, de faire imprimer, vendre & debiter un Livre intitulé *Les Contes des Contes*, pendant le temps de dix années. Avec défenses à tous autres de contrefaire ledit Livre, sur les peines portées à l'Original dudit Privilege.

Regiſtré ſur le Livre des Imprimeurs & Libraires de Paris le 29. *Juillet* 1697.
Signé P. AUBOUYN, Syndic.

Achevé d'imprimer le 23. Decembre 1697

LES

Plus Belle que Fée.

Nabote & plus belle que Fée.

La Fée.

l'Enchanteur.

Tourbillon & Nirée.

LES CONTES DES CONTES.

PLUS BELLE QUE FE'E CONTE.

IL y avoit une fois dans l'Europe un Roy, qui ayant eu déja quelques enfans d'une Princesse qu'il avoit épousée, eut envie de voyager, & d'aller d'un bout

Tome I. A

à l'autre de son Royaume. Il s'arrêtoit agréablement de Province en Province, & comme il fut dans un beau Château qui étoit à l'extremité de ses Etats, la Reine sa femme y accoucha, & donna la vie à une fille qui parut si prodigieusement belle au moment de sa naissance, que les Courtisans, soit pour sa beauté ou par l'envie de faire leur Cour, la nommerent Plus belle que Fée; l'avenir fit bien voir qu'elle meritoit un nom si illustre. A peine la Reine fut-elle relevée de couche, qu'il fallut qu'elle suivît le Roy son mary qui partit en diligence, pour aller défendre une Province éloignée que ses ennemis attaquoient.

On laissa la petite Plus belle que Fée avec sa Gouvernante, & les Dames qui luy étoient necessaires. On l'éleva avec beaucoup de soin; & comme son pere eut à soûtenir une longue & cruelle guerre, elle eut le loisir de croître & d'embellir. Sa beauté se rendit fameuse par tous les Pays circonvoisins, on ne parloit d'autre chose, & à douze ans on l'eût plûtôt prise pour une Divinité, que pour une personne mortelle : un frere qu'elle avoit la vint voir pendant une Tréve, & se lia avec elle d'une parfaite amitié.

Cependant la renommée de sa beauté & le nom qu'elle portoit irriterent tellement les Fées contre elle, qu'il n'y eut rien qu'elles ne pensassent pour se venger de l'orgüeil de son nom, & pour détruire une beauté qui leur causoit tant de jalousie.

La Reine des Fées n'étoit pas une de ces bonnes Fées, qui sont les protectrices de la vertu, & qui ne se plaisent qu'à bien faire. Aprés le cours de plusieurs siecles, elle étoit parvenuë à la Royauté par son grand sçavoir, & par son artifice. Le nombre de ses ans l'avoit renduë fort petite, & l'on ne l'appelloit plus que Nabote.

Nabote donc assembla son Conseil, & luy fit sçavoir qu'elle avoit resolu de venger tant de belles personnes qu'elle avoit dans sa Cour, & toutes celles qui étoient par toute la terre; qu'elle vouloit s'absenter & aller elle-même voir & ravir cette beauté qui faisoit un bruit si desavantageux à leurs charmes, ainsi fut dit, ainsi fut fait. Elle partit, & prenant des vétemens simples, elle se transporta au Château qui renfermoit cette merveille, elle s'y rendit bientôt familiere, & engagea par son esprit les Dames de la Princesse à la recevoir parmy elles. Mais Nabote fut frappée d'un grand étonnement quand aprés avoir consideré le Château, elle reconnut par la force de son art qu'un grand Magicien l'avoit construit, & qu'il y avoit attaché telle vertu, que dans toute son enceinte, & celle de ses promenades, on n'en pouvoit sortir que volontairement, & qu'il n'étoit pas possible de se servir d'aucunes sortes de charmes contre les personnes qui l'habitoient. Ce n'étoit pas un secret ignoré de la Gouvernante de Plus belle que Fée, qui connoissant bien le tresor sans prix, qui étoit confié à ses soins, vivoit sans crainte, sçachant que personne au monde ne pouvoit luy ôter cette jeune Princesse, tant qu'elle ne sortiroit pas du Château ni des Jardins. Elle luy avoit défendu expressément de le faire, & Plus belle que Fée qui avoit déja beaucoup de prudence, n'avoit garde de manquer à cette précaution. Mille amans qu'elle avoit tentoient des efforts inutiles pour l'enlever; mais vivant assurée, elle ne redoutoit point leur violence.

Il ne falut pas beaucoup de temps à Nabote pour s'insinuer dans ses bonnes graces ; elle luy apprenoit à faire de beaux ouvrages, & pendant un travail qu'elle rendoit divertissant, elle luy faisoit des historiettes agreables, elle n'oublioit rien pour la divertir, & elle luy plaisoit si naturellement, qu'on ne les voyoit plus l'une sans l'autre.

Nabote dans tous ces soins n'étoit pas moins occupée de sa vengeance.

Elle cherchoit le moyen de seduire Plus belle que Fée, & de l'obliger par finesse à mettre seulement le pied hors du seüil des portes du Château. Elle étoit toûjours préparée à faire son coup & à l'enlever.

Un jour qu'elle l'avoit menée dans le Jardin, où de jeunes filles aprés avoir cuëilli des fleurs, en ornoient la belle tête de Plus belle que Fée, Nabote ouvrit une petite porte qui donnoit sur la campagne, & l'ayant passée, elle fai-

des Contes.

soit cent singeries qui faisoient rire la Princesse & la jeune troupe qui l'environnoit, quand tout d'un coup la méchante Nabote fit semblant de se trouver mal, & le moment d'aprés elle se laissa tomber comme évanoüie, quelques jeunes filles coururent à son secours, Plus belle que Fée y vola; & à peine la malheureuse fut-elle hors de cette fatale porte, que Nabote se releva, la saisit d'un bras puissant, & faisant un cercle avec sa baguette, il se forma un broüillard épais & noir, qui s'étant aussitôt dissipé, la terre s'ouvrit, il en sortit deux taupes, avec des aîles de feüilles de roses qui trainoient un char d'ébeine, & se mettant dedans avec Plus belle que Fée, elle s'éleva en l'air, & le fendit avec une vitesse incroyable, se perdant incontinent aux yeux des jeunes filles, qui par leurs pleurs & leurs cris annoncerent bientôt dans tout le Château la perte qu'on venoit de faire.

Plus belle que Fée ne revint de son étonnement que pour tomber dans un plus épouvantable. La rapidité avec laquelle ce char voloit en l'air, l'avoit tellement étourdie, qu'elle en avoit presque perdu la connoissance. Enfin reprenant ses esprits elle baissa les yeux. Qu'elle fut effrayée de ne trouver au dessous d'elle que l'étenduë prodigieuse de la vaste mer! elle fit un cri perçant, se tourna, & voyant prés d'elle sa chere Nabote, elle l'embrassa tendrement, & la tenoit serrée entre ses bras, comme on a coûtume de faire pour se rassûrer; mais la Fée la repoussant rudement, retirez-vous, petite effrontée, lui dit-elle, reconnoissez en moy vôtre plus mortelle ennemie. Je suis la Reine des Fées, vous m'allez payer l'insolence du nom orguëilleux que vous portez.

Plus belle que Fée, plus tremblante à ces paroles, que si le foudre fût tombé à ses pieds, en eut plus de frayeur encore que de l'horrible route qu'elle tenoit. Le char fondit enfin au milieu d'une Cour magnifique du plus superbe Palais qui se soit jamais veu.

L'aspect d'un si beau lieu rassuroit un peu la timide Princesse, sur tout quand à la sortie de ce char, elle vit cent jeunes beautés qui vinrent toutes courtoisement faire la reverence à la Fée. Un si riant sejour ne sembloit pas luy annoncer d'infortune, elle eut même une consolation qui ne manque guere de flatter dans un aussi grand malheur que le sien, elle remarqua que toutes ces belles personnes étoient frappées d'admiration en la regardant, & elle entendit un murmure confus de loüange & d'envie qui la satisfit merveilleusement.

Mais, que ce petit moment de vanité dura peu. Nabote ordonna imperieusement qu'on ôtat les beaux habits de Plus belle que Fée, croyant luy dérober une partie de ses charmes. On la dépoüilla donc; mais la fureur de Nabote n'eut par là que plus à croître. Que de beautez parurent au jour!
&

& que de confusion pour toutes les Fées du monde! on la vêtit de méchans haillons, on eût dit dans cet état que la beauté simple & naïve vouloit triompher de la sorte sur la parure des plus grands ornemens, jamais elle ne fut plus charmante. Nabote commanda qu'on la conduisit au lieu qu'elle avoit ordonné, & qu'on luy donnât sa tâche.

Deux Fées la prirent & la firent passer par les plus beaux & les plus somptueux appartemens que l'on sçauroit jamais voir. Plus belle que Fée les consideroit malgré la vûë de sa misere, elle disoit en elle-même quelques tourmens qu'on me prépare, le cœur me dit que je ne seray pas toûjours malheureuse dans ces beaux lieux.

On la fit descendre par un grand escalier de marbre noir, qui avoit plus de mille marches; elle crût aller aux abîmes de la terre, ou plûtôt qu'on la conduisoit aux Enfers. Enfin elle entra dans un petit cabinet tout lambrissé d'ébeine, où l'on luy dit qu'elle coucheroit sur un peu de paille, & il y avoit un once de pain & une tasse d'eau pour son souper. Dela on la fit passer dans une grande galerie, dont les murailles de haut en bas étoient de marbre noir, & qui ne recevoit de clarté que par celle qui venoit de cinq lampes de geais, qui jettoient une lueur sombre capable plûtôt d'épouvanter que de rassûrer. Ces tristes murailles étoient tapissées de toile d'araignée, depuis le haut jusques en bas, dont la fatalité étoit telle que plus on en ôtoit, & plus elles se multiplioient. Les deux Fées dirent à la Princesse, qu'il faloit que cette galerie fut nétoyée au point du jour, ou bien qu'on luy feroit souffrir des supplices effroyables, & posant une échelle à deux mains, & luy donnant un balay de jonc, elles luy dirent de travailler & la laisserent. Plus belle que Fée soupira, & ne sçachant pas le fort de ces toiles d'araignée, quoyque la galerie fut fort grande, elle se resolut avec courage d'obeïr. Elle prit son balay & monta legerement sur l'échelle. Mais, ô Dieu! quelle fut sa surprise lorsque pensant netoyer ce marbre, & ôter ces toiles d'araignée, elle trouva qu'elles ne faisoient qu'augmenter, elle se lassa quelque temps, & voyant avec tristesse que c'étoit vainement, elle jetta son balay, descendit & s'asseiant sur le dernier échellon de l'échelle, elle se mit tendrement à pleurer & à connoître tout son malheur. Ses sanglots se precipiroient si fort les uns sur les autres, qu'elle n'avoit plus la force de soûtenir son beau corps, quand levant un peu la tête, ses yeux furent frappez d'une vive lumiere. Toute la galerie fut dans un instant éclairée, & elle vid à genoux devant elle un jeune garçon si beau & si agreable, qu'à l'habillement prés elle le prit pour l'amour. Mais elle se souvint qu'on peignoit l'amour tout nud, & ce beau garçon avoit un habit tout couvert de pierreries. Elle douta aussi si toute cette lumiere ne partoit pas du feu de ses yeux qu'elle voyoit si beaux & si brillans. Ce jeune garçon la consideroit toûjours à genoux, elle s'y voulut mettre aussi : qui êtes vous luy dit-elle toute étonnée ? êtes vous un Dieu, êtes vous l'amour ? je ne suis pas un Dieu luy repondit-il; mais j'ay plus d'amour moi seul, qu'il n'y en a dans le Ciel ni sur la terre. Je suis Phraates, le fils de la Reine des Fées, qui vous aime & qui veut vous secourir. Alors prenant le balay qu'elle avoit jetté, il toucha toutes ces toiles d'araignée qui devinrent aussitôt un tissu d'or d'un ouvrage merveilleux, le feu des lampes demeura vif & lumineux, & Phraates donnant une clef d'or à la Princesse, vous trouverez une serrure, luy dit-il, au grand quarré de vôtre cellule, ouvrez-la tout doucement, à Dieu je me retire de peur de me rendre suspect. Allez vous reposer, vous trouverez tout ce qui vous est necessaire, & mettant un genoux à terre, il luy

luy baisa respectueusement la main.

Plus belle que Fée plus étonnée de cette rencontre que de tout ce qui luy étoit arrivé dans la journée rentra dans la petite chambre, & cherchant à trouver cette serrure, dont on luy avoit parlé, en s'approchant du lambris, elle entendit une voix la plus aimable du monde qui sembloit se plaindre avec douleur ; elle crût que c'étoit quelque miserable comme elle qu'on vouloit tourmenter. Elle prêta curieusement l'oreille. Mais que feray-je, disoit cette voix, on veut que je change les glands qui sont dans ce boisseau en des perles Orientales. Plus belle que Fée moins surprise qu'elle ne l'auroit esté deux heures auparavant, frappa deux ou trois petits coups contre les ais, & dit assez haut : si l'on donne des peines icy, il s'y fait en même temps des miracles. Esperez. Mais contez-moy je vous prie qui vous êtes, je vous diray aussi qui je suis. Il m'est plus doux de vous satisfaire, reprit l'autre personne, que de continuer mon employ. Je suis fille de Roy, on dit que je nâquis charmante. Les Fées n'assisterent point à ma naissance, vous sçavez qu'elles sont cruelles à ceux dont elles n'ont pas pris la protection en naissant. Ah je le sçais trop, reprit Plus belle que Fée, je suis belle comme vous, fille de Roi & malheureuse, parce que je suis aimable sans le secours de leurs dons. Nous voilà donc compagnes, reprit l'autre, mais êtes-vous amoureuse:

il ne s'en faut guere, dit assez bas Plus belle que Fée ; continués, reprit-elle tout haut, & ne me questionnez plus. Je suis estimée poursuivoit l'autre, la plus charmante chose qu'il y ait jamais eû, & tout le monde m'aima & me voulut posseder ; on m'appelle Desirs. Toutes les volontés m'étoient soumises, & j'avois place dans tous les cœurs. Un jeune Prince plus rempli de moy, que mille autres, s'attacha uniquement à moy, je le comblay d'esperance & de satisfaction, nous allions nous unir pour toûjours l'un à l'autre, quand les Fées jalouses de me voir la passion universelle, & ne pouvant souffrir les agrémens qu'elles n'ont pas donnés, m'enleverent un jour au milieu de ma gloire, & m'ont mise icy dans un vilain lieu, elles m'ont dit qu'elles m'étoufferoient demain matin, si je n'ay pas executé un ordre ridicule qu'elles m'ont imposé; dites-moy presentement qui vous êtes. Je vous ay tout dit, reprit Plus belle que Fée, à mon nom prés. On m'appelle Plus belle que Fée. Vous devez donc être bien belle, reprit la Princesse Desirs, j'ay grande envie de vous voir, j'en ay bien autant de mon côté repartit Plus belle que Fée. Y a-t-il une porte qui donne icy ; car j'ay une petite clef qui peut-être ne vous seroit pas inutile. Lors cherchant, elle en trouva une qu'elle pouvoit effectivement ouvrir. Elle la poussa, & paroissant tout d'un coup, elle se surprirent beaucoup l'une &

l'autre par la beauté merveilleuse qu'elles avoient toutes deux. Aprés s'être fort embraſſées & s'être dit bien des choſes obligeantes, Plus belle que Fée ſe mit à rire de voir que la Princeſſe Deſirs frottoit continuellement ſes glans avec une petite pierre blanche, comme on luy avoit ordonné. Elle luy conta la tâche qu'on luy avoit donnée à faire, & comme je ne ſçay quoy de ſi aimable l'avoit aſſiſtée miraculeuſement. Mais que peut-ce être, luy dit la

Princesse Desirs? je crois que c'est un homme, reprit Plus belle que Fée, un homme, s'écria Desirs, vous rougissez, vous l'aimez, non pas encore, reprit-elle, mais il m'a dit qu'il m'aime & s'il m'aime comme il le dit, il vous assistera. A peine eut-elle proferé ces paroles, que le boisseau fremit, & agitant ces glans comme le chêne sur lequel ils avoient esté cueillis auroit pû faire, ils se changerent tout d'un coup dans les plus belles Perles en poires & de la premiere eau. Ce

des Contes.

fut une de celles-là dont la Reine Cleopatre fit un si riche banquet à Marc Antoine. Les deux Princesses furent tres contentes de ce changement, & Plus belle que Fée qui commençoit à s'accoûtumer aux prodiges prenant Desirs par la main repassa dans sa chambre, & trouvant le quarré où étoit la serrure dont on luy avoit parlé, elle l'ouvrit avec la clef d'or, & entra dans une chambre, dont la magnificence la surprit & la toucha, parce qu'elle y vit par tout des soins de son amant. Elle étoit jonchée des plus belles fleurs, elle exhaloit un parfun divin. Il y avoit à un des bouts de cette charmante chambre, une table couverte de tout ce qui pouvoit contenter la delicateſſe du goût, & deux fontaines de liqueurs qui couloient dans des baſſins de Porphire. Les jeunes Princeſſes s'aſſirent dans deux chaiſes d'yvoire enrichies d'Emeraudes, elles mangerent avec appetit, & quand elles eurent ſoupé, la table diſparut, & il s'éleva à la place où elle étoit un bain delicieux où elles se mirent toutes deux. A six pas de là on voyoit une superbe toillette & de grandes mannes d'or trait, toutes pleines de linge d'une propreté à donner envie de s'en servir. Un lit d'une forme singuliere & d'une richesse extraordinaire terminoit cette malheureuse chambre qui étoit bordée d'orangers dans des caisses d'or garnies de rubis, & des colonnes de cornaline soutenoient tout autour la voute somptueuse de cette chambre, elles n'étoient séparées que par de grandes glaces de cristal, qui prenoient depuis le bas jusques en haut. Quelques consoles de matieres rares portoient des vases de pierreries pleins de toutes sortes de fleurs.

La Princesse Desirs admira la fortune de sa compagne, & se tournant vers elle. Vôtre Amant est galant, luy dit-elle, il peut beaucoup, & il veut tout pouvoir pour vous. Vôtre bonheur n'est pas commun. Une pendule sonnant minuit leur fit entendre à chaque heure le nom de Phraates. Plus belle que Fée rougit & se jetta dans son lit. Elle crut prendre un repos qui fut troublé par l'image de Phraates.

Le lendemain il y eut un grand étonnement dans la Cour des Fées, de voir & la galerie si richement parée, & les belles Perles à plein boisseau. Elles avoient cru punir les jeunes Princesses; leur cruauté fut deconcertée, elles les trouverent chacune retirées dans leur petite chambre. Agitant de nouveau leur conseil pour leur donner des emplois où elles les vissent succomber, elles dirent à Desirs d'aller sur le bord de la mer écrire sur le sable avec ordre exprés, que ce qu'elle y mettroit ne s'effaçât jamais, & commanderent à Plus belle que Fée de se rendre au pied du Mont avantureux, de voler au haut, & de leur apporter un vase plein d'eau de vie immortelle. Pour cet effet elles luy donnerent des plumes & de la cire, afin que se faisant des ailes elle se perdit comme une autre Jeare. Desirs & Plus belle que Fée se regarderent à cet affreux commandement, & s'embrassant tendrement elles se quitterent comme en se disant le dernier adieu. On en conduisit une prés du rivage, & l'autre au pied du Mont avantureux.

Quand Plus belle que Fée se vit ainsi seule, elle prit les plumes & la cire, les accommodoit fort mal, aprés avoir travaillé tres-inutilement, elle tourna sa pensée vers Phraates; si

vous m'aimiés, dit-elle, vous viendriés encore à mon secours. A peine eut-elle achevé le dernier mot, qu'elle le vit devant ses yeux plus beau mille fois que la nuit derniere. Le grand jour luy étoit fort a-vantageux. Doutez-vous de mon amour! luy dit-il, est-il rien de difficile pour qui vous aime ? Lors il la pria d'ôter une partie de ses habits, & ayant pris sa recompense ordinaire qui étoit un baiser sur sa main, il se transforma tout d'un coup en aigle. Elle eut
quelque

quelque chagrin de voir changer ainsi cette aimable figure, qui se mettant à ses pieds en étendant les ailes, luy fit aisément comprendre son dessein. Elle se baissa sur luy, & serrant son col superbe avec ses beaux bras, il s'éleva doucement en haut. On ne sçauroit dire quel étoit le plus content, ou d'elle d'éviter la mort, en executant les ordres qu'on luy avoit donnés, ou luy d'être chargé d'un fardeau si precieux.

Il la porta doucement

au haut du Mont, où elle entendit une agreable harmonie de mille oiseaux qui vinrent rendre hommage au divin oiseau qui l'avoit portée. Le haut de ce Mont étoit une pleine fleurie entourée de beaux cedres, au milieu desquels étoit un petit ruisseau qui couloit ses eaux argentées sur un sable d'or semé de diamans brillans. Plus belle que Fée se courba sur le genoüil, & avant toutes choses elle mit dans sa main de cette eau precieuse & en but. Aprés elle remplit son vase, & se tournant vers son Aigle, ha dit-elle, que je voudrois que Desirs eut de cette eau, à peine eut-elle lâché la parole, que l'Aigle vola en bas, prit une des pantoufles de Plus belle que Fée & revenant il puisa de l'eau dedans, & en alla porter à la Princesse Desirs au bord de la mer, où elle étoit inutilement occupée à écrire sur l'aréne.

L'Aigle revint trouver Plus belle que Fée, & reprit sa belle charge, helas dit-elle, que fait Desirs?

mettez-nous ensemble. Il luy obeït ; ils la trouverent écrivant toûjours, & à mesure qu'elle écrivoit, une onde venoit qui effaçoit ce qu'elle avoit écrit. Quelle cruauté, dit cette Princesse à Plus belle que Fée, d'ordonner ce qu'on ne peut faire ! Je juge à l'étrange monture que je vous vois, que vous avez reüssi : Plus belle que Fée descendit, & touchée du malheur de sa compagne, elle prit ainsi la parole en se tournant vers son amant. Faites-moy voir vôtre toute-puissance; ou plûtôt mon amour, repartit ce Prince, en reprenant sa forme ordinaire. Desirs voyant la beauté & les graces de sa personne fit briller de la surprise & de la joye dans ses yeux. Plus belle que Fée en rougit par un mouvement dont elle ne fut pas la maîtresse, & se mettant devant luy pour le cacher à sa Compagne, faites ce qu'on vous dit, continua-t-elle, avec une inquietude charmante ; Phraates connut son bonheur, & voulant terminer promptement sa peine, lisez, luy dit-il, en disparoissant plus vîte qu'un éclair.

Au même instant une vague vint se briser aux pieds de Plus belle que Fée, & en s'en retournant on vit une table d'airain aussi enchassée dans l'arene, que si elle eut esté de toute éternité, & comme y devant demeurer jusqu'à la fin du monde, & à mesure qu'elle la regardoit elle apercevoit des lettres qui se formoient profondement gravées qui composoient ces vers :

La foy des vulgaires Amans,
Leur ardeur & tous les sermens,
Ne s'écrivent que sur l'Aréne;
Mais ce qu'on sent pour vos beaux
 yeux,
En caractere d'astre est écrit dans
 les Cieux,
Qui voudroit l'effacer la peine
 seroit vaine.

Je le comprends, s'écria Desirs, qui vous aime vous doit toûjours aimer, que vôtre aimable amant sçait bien exprimer sa tendresse, & lors elle embrassa Plus belle que Fée, qui dissipant entre ses bras sa confusion sur la petite jalousie qu'elle venoit d'avoir. Elle l'avoüa à son amie sur la guerre qu'elle luy en fit & toutes deux satisfaites de leur amitié, s'abandonnerent à la douceur d'un entretien agreable & plein de sincerité.

La Reine Nabote envoya au pied du Mont, pour sçavoir ce que Plus belle que Fée seroit devenuë. On trouva les plumes éparses & une partie de ses habits, on jugea qu'elle étoit écrasée comme on le desiroit.

Dans cette pensée les Fées

Fées coururent au bord de la mer; elles s'écrierent à la vûë de la table d'airain, & furent épouvantées d'appercevoir les deux Princesses qui se joüoient tranquillement sur la pointe d'un rocher, elles les appellerent. Plus belle que Fée donna son eau de vie immortelle, & rioit tout doucement avec Desirs de la fureur de ces Fées.

La Reine n'entendoit pas raillerie; elle connut qu'un art aussi grand que le sien les assistoit, & sa rage en crût à tel point, que sans hésiter, elle conclud leur ruine totale par la derniere & la plus cruelle des épreuves.

Desirs fut condamnée à aller le lendemain à la foire des tems chercher le fard de jeunesse, & Plus belle que Fée de se rendre dans la Forêt des Merveilles pour prendre la biche aux pieds d'argent.

La Princesse Desirs fut conduite dans une grande plaine, au bout de laquelle étoit un bâtiment prodigieux tout partagé en sales & en galeries pleines de boutiques si superbes, qu'il n'y a pour y trouver une comparaison qu'à se souvenir des magnifiques banques de Marly. A chacune de ces boutiques il y avoit de jeunes & d'agreables Fées, & auprés d'elles pour les ayder, les personnes qu'elles aimoient le mieux. Aussitôt que Desirs parut, ses agrémens charmerent tout le monde, elle prit possession de tous les cœurs. Aux premieres boutiques où elle s'adressa, elle fit grande pitié en demandant le fard de jeunesse, aucun ne luy vouloit dire où il se trouvoit, parce que quand ce n'estoit pas une Fée qui le venoit chercher, il designoit un supplice pour la personne qui étoit chargée de cette dangereuse commission.

Les bonnes Fées disoient à Desirs qu'elle s'en retournât, & qu'elle ne demandât plus ce qu'elle cherchoit. Elle estoit si belle, qu'on couroit au devant d'elle aux lieux où elle passoit. Son malheur la mena à la fatale boutique d'une mauvaise Fée. A peine eut-elle demandé le fard de jeunesse de la part de la Reine des Fées que luy lançant un regard terrible, elle lui dit qu'elle l'avoit, & qu'elle le luy donneroit le lendemain, & luy commanda de passer dans une Chambre pour attendre qu'il fût preparé. Mais on la mena dans un lieu tenebreux & puant, où elle ne voyoit goute. Elle fut atteinte de quelque terreur, ah dit-elle ! aimable amant de Plus belle que Fée hatez-vous de me secourir, ou je suis perduë.

Il fut sourd à sa voix ou dans l'impossibilité d'agir en ce lieu là, comme il avoit fait dans les autres. Desirs se tourmenta une partie de la nuit, elle dormit l'autre, & se sentit reveillée par une agreable fille qui luy vint dire en luy portant un peu de nourriture, que c'étoit de la part du favori de la Fée sa maîtresse, qui s'étoit resolu de la secourir; qu'elle seroit heureuse si cela étoit, parce que la Fée avoit envoyé chercher un

des Contes.

méchant esprit, afin qu'il vint luy souffler au nez de la laideur, & qu'en cet état difforme & plein d'ignominie, elle la renvoiroit à la Reine des Fées, afin qu'elle servit au triomphe de leurs ressentimens. La Princesse Desirs pensa mourir de frayeur à cette menace de perdre tout d'un coup tous ses charmes, & elle souhaita de mourir.

Son tourment étoit horrible; elle se promenoit à tâtons dans sa noire demeure quand on la prit par le bras, elle sentit à son cœur une émotion fort douce. On la mena vers un peu de lumiere, & quand sa veuë fut rassûrée, elle l'eut frappée de l'objet de tous le plus charmant, elle reconnut ce cher Prince qui l'aimoit tant, & de qui on l'avoit separée la veille de ses nôces. Ses transports & sa joye furent extrêmes ; est-ce vous ? luy dit-elle cent fois. Enfin quand elle en fut bien persuadée, oubliant tous ses malheurs presens. Mais est-ce vous qui êtes le favori de cette malheureuse Fée? continua-t-elle, est-ce avec ce beau titre que je vous vois ? N'en doutés point, luy repondit-il, & nous luy devrons la fin de nos peines & nôtre bonne fortune.

Alors il luy conta qu'au desespoir de son enlevement il étoit allé trouver un sage qui luy avoit appris où elle étoit, & qu'il ne la recouvreroit jamais qu'au Royaume des Fées, qu'il luy avoit donné le moyen de le trouver ; mais qu'il avoit été arrêté d'abord par cette cruelle Fée qui étoit devenuë amoureuse de luy, que suivant le conseil de son sage il l'avoit amusée, & que par sa douceur il s'étoit si bien rendu le maître de son esprit, qu'il gardoit tous ses tresors, & qu'il étoit ministre de toutes ses volontez, qu'elle venoit de partir pour un voyage de six mille lieuës, qu'elle ne reviendroit de douze jours, qu'ainsi il se falloit sauver, qu'il alloit dans son cabinet prendre une partie de la pierre de l'anneau de Gigés, qu'elle le mettroit sur elle, qu'ainsi étant invisible elle passeroit par tout, que pour luy il pouvoit se montrer librement, n'oubliez pas luy dit-elle, le fard de jeunesse. J'en veux mettre & en donner à une compagne que j'ay.

Le Prince rit. Où irons-nous, continua-t-elle? chez la Reine des Fées, reprit-il. Non pas cela, s'écria-t-elle, nous y peririons. Le sage qui me conseille, poursuivit-il, m'a dit de vous remener au dernier lieu, d'où vous seriés partie, si je voulois être assuré de mon bonheur. Il ne m'a jamais menti en quoy que ce soit, à la bonne heure, dit Desirs, allons donc.

Le Prince luy donna une precieuse boëtte, dans laquelle étoit le fard de jeunesse, & dans l'envie de paroître plus belle aux yeux de son amant, elle s'en frotta precipitamment tout le visage, oubliant qu'elle étoit invisible par la pierre qu'il luy avoit donnée. Elle le prit sous le bras. Ils traverserent de la sorte toute la Foire, & furent ainſi juſqu'auprés du Palais de la Reine.

Là, le Prince reprit la pierre de Gigés. L'aimable Deſirs ſe montra, & il ſe rendit inviſible au grand regret de la Princeſſe qu'il prit ſous le bras à ſon tour, & ſe rendirent devant Nabote & ſa Cour.

Toutes les Fées ſe regarderent avec un merveilleux étonnement en voyant Deſirs de retour avec le fard de jeuneſſe, & la Reine fronçant le ſourcil, qu'on la garde ſeurement, dit-elle, nos adreſſes font vaines, il faut la faire mourir sans y plus chercher tant de façons.

Voila l'arrêt prononcé. Desirs en trembla de crainte, son amant la rassûra autant qu'il le pût.

Mais revenons à Plus belle que Fée. On l'avoit conduite jusques dans la Forêt des Merveilles, & voici le sujet pourquoi on l'exposoit à courre la biche aux pieds d'argent.

Il y avoit eu autrefois une Reine des Fées qui avoit succedé naturellement à ce grand titre, elle étoit belle, bonne, & sage, elle avoit eu plusieurs amans dont l'amour & les soins se perdoient auprés d'elle uniquement occupée à proteger la vertu, elle ne s'amusoit point à conter les soupirs de ses amans. Elle en avoit un que ses rigueurs rendirent le plus malheureux, parce qu'il l'aimoit mieux qu'aucun autre.

Un jour voyant qu'il ne la pouvoit flechir, il luy protesta dans son desespoir qu'il se tuëroit, elle ne fut point émuë de cette menace, & la considera comme une de ces folies, dont l'esprit de l'homme est souvent atteint, mais qui ne passeroit pas plus avant. Cependant elle sçût quelque temps aprés qu'il s'étoit precipité dans la mer.

Un sage qui avoit élevé ce jeune homme, se plaignit aux Intelligences suprêmes, & la Chaste Fée fut condamnée à être biche cent ans durant pour faire penitence de sa rigueur, avec tel si, qu'une beauté accomplie qui voudroit s'exposer à la courre durant

durant dix jours dans la Foreſt des Merveilles, pourroit la prendre & luy redonner ſa premiere forme. Il y avoit déja prés de quarante ans qu'elle paiſſoit ainſi transformée.

Au commencement pluſieurs beautez s'étoient riſquées pour tenter une ſi belle avanture, & qui promettoit tant de gloire, chacune croyoit être la plus heureuſe, mais comme elles ſe perdoient, & qu'au bout des dix jours, on n'en entendoit plus parler, cette ardeur s'étoit refroidie, & l'on ne voyoit plus depuis tres-long-temps aucune Belle qui s'offrit, de maniere que celles qu'on y conduisoit depuis, n'y alloient que par l'ordre des Fées pour les abandonner à une perte assurée.

C'étoit aussi pour se defaire de Plus belle que Fée qu'on la mena dans la Forest des Merveilles. On lüy donna une legere provision de vivres pour la forme seulement, un cordon de soye à la main avec un nœud coulant pour arrêter la biche. Voila tout son équipage de chasse.

Elle mit ce qu'on luy donna au pied d'un arbre, & quand elle se vit seule elle porta sa vûë dans cette vaste forest, où elle n'aperçût dans ce profond silence, & dans cette solitude qu'un objet de desespoir.

Elle voulut demeurer au bord de la forest, & ne s'engager pas plus avant, & pour se reconnoître, elle marqua l'endroit d'où elle partoit. Mais qu'elle étoit abusée. On étoit toûjours égaré dans cette forest sans en pouvoir sortir,

E iij

elle aperçût dans une route la biche aux pieds d'argent qui marchoit gravement. Elle alla aprés elle avec son cordon à la main croyant la prendre, mais la biche se sentant poursuivie couroit, & de temps en temps s'arrêtant, elle tournoit la tête vers Plus belle que Fée. Elles furent ensemble tout le jour sans s'approcher, & la nuit les separa.

La pauvre chasseuse se trouva tres-lasse & avec beaucoup de faim, mais elle ne sçavoit plus où étoit la petite provision qu'on luy avoit donnée, & de repos elle n'en pouvoit prendre que sur la terre dure. Elle se coucha donc sous un arbre bien tristement, elle ne pût de long-temps dormir. Elle avoit peur, la moindre chose l'épouvantoit, une feüille qui s'agitoit la faisoit fremir ; elle tourna dans cet état miserable sa pensée vers son amant, elle l'appella plusieurs fois, & voyant qu'il luy manquoit dans un si grand besoin, ah dit-elle ! en répandant quelques larmes, Phraates, Phraates, vous m'abandonnez. Elle commençoit à s'endormir quand elle sentit quelque agitation sous elle, & il luy sembla qu'elle étoit dans le meilleur lit du monde. Son sommeil fut long sans être interrompu, elle fut reveillée le matin par le chant de mille rossignols, & tournant ses beaux yeux, elle se vit à deux pieds de terre, l'herbe avoit poussé sous son beau corps, & avoit pris la vertu de faire une couche delicieuse. Un grand Oranger

des Contes. 71

jettoit ses branches sur elle, pour luy servir de pavillon, elle étoit couverte de ses fleurs. A côté d'elle deux tourterelles luy annonçoient par leur amour ce qu'elle devoit esperer de celuy de Phraates. La terre étoit tout autour couverte de fraises, & de toute sorte des plus excellens fruits; elle en mangea, & se trouva aussi rassasiée & aussi forte que si ç'eût été des meilleures viandes. Un ruisseau qui couloit tout auprés servit à la desalterer. O soins de mon amant, s'écria-t-elle, quand elle se trouva satisfaite, que vous m'étiés necessaires! je ne murmure plus, mais ne me donnés pas tant & montrés-vous.

Elle eût poursuivi si elle n'eût apperceu la biche aux pieds d'argent qui étoit sur son cul, & qui la regardoit tranquillement. Elle crût à cette fois la tenir, elle luy presenta d'une main une poignée d'herbe, & de l'autre elle tenoit son cordon; mais la biche s'éloigna à petits bonds, & quand elle avoit un peu couru, elle s'arrês'arrêtoit & la regardoit. Elles firent cet exercice toute la journée. La nuit vint & elle se passa comme l'autre. Le réveil fut pareil au premier, & quatre jours & quatre nuits se passerent de même façon. Enfin la cinquiéme matinée Plus belle que Fée en ouvrant les yeux crut voir une clarté plus brillante que celle du jour ; quand elle apperçut dans les yeux de son amant tout l'amour qu'elle luy avoit donné. Il étoit assis à un pas d'elle, & baisoit le bout de son pied.

Sa presence & son action respectueuse luy plurent fort.

C'est donc vous, luy dit-elle, si je ne vous ay point vû tous ces jours cy, j'ay au moins reçu des marques de vôtre bonté. Dites de mon amour Plus belle que Fée, reprit-il, ma mere se doute que c'est moy qui vous assiste, elle m'a gardé, je m'échappe un moment par le moyen d'une Fée de mes amies, adieu je viens seulement vous rassûrer, vous me verrés ce soir, & si fortune le veut, demain nous serons heureux.

Il s'en alla & elle courut encore toute la journée. Quand la nuit fut venuë, elle apperçut prés d'elle une petite lumiere qui suffisoit pour luy faire reconnoître son amant.

Voila ma baguette allumée, luy dit-il, mettés la devant vous & allez sans vous effrayer par tout où elle vous conduira. Lorsqu'elle s'arrêtera vous rencontrerez un grand amas de feüilles seiches mettez-y le feu, entrez dans le lieu que vous verrez, & si vous

Les Contes

y trouvez la depoüille de quelque bête brûlez-là; les aftres nos amis feront le refte. Adieu.

Plus belle que Fée auroit bien voulu recevoir une plus ample inftruction, mais voyant qu'il n'y avoit plus de remede, elle pofa devant elle la baguette qui luy montra le chemin. Elle marcha prés de deux heures affez ennuyée de ne faire que cela. Elle s'arrêta enfin & effectivement elle apperçut un grand amas de feüilles feiches auquel elle ne manqua pas de mettre le feu. La clarté fut bien-tôt si grande, qu'elle pût remarquer une assez haute Montagne, où elle apperçut une ouverture à demy cachée par des brossailles, elles les écarta avec sa baguette, & entra dans un lieu obscur, mais un peu aprés elle se trouva dans un grand salon orné d'une admirable architecture, éclairé de plusieurs lumieres ; mais ce qui la frappa de quelque étonnement, ce fut de voir les peaux de plusieurs bêtes sauvages & terribles, penduës à des crochets d'or, qu'elle prit d'abord pour les bêtes mêmes. Elle detourna ses yeux avec quelque horreur, & les arrêta sur le milieu du salon, où il y avoit un beau palmier, & sur une de ses branches la peau de la biche aux pieds d'argent.

Plus belle que Fée fut ravie de la voir, & la prenant avec sa baguette elle la porta promptement dans le feu qu'elle avoit allumé à l'entrée de l'antre. Elle fut consumée au même instant, & rentrant toute joyeuse dans le salon, elle pénétra dans plusieurs magnifiques Chambres. Elle s'arrêta dans une, où elle vit sur des tapis de Perses plusieurs petits lits dressez, & un plus beau que tous les autres sous un pavillon de drap d'or. Mais elle n'eut pas le loisir de considerer long-temps une chose qui luy paroissoit si singuliere, elle entendit de grand éclats de rire, & parler fort haut diverses personnes.

Plus belle que Fée tourna ses pas de ce côté-là.

Elle entra dans un lieu merveilleux, où il y avoit quinze jeunes personnes d'une beauté divine.

Elle ne les surprit pas moins qu'elle fut surprise, l'excellence de sa personne les charma toutes, & il se fit en elles une suspension de tous leurs sens. Un silence attentif avoit succedé à des cris d'admiration. Mais une de ces belles personnes & plus belle que toutes les autres s'avança d'un air riant & gay vers nôtre charmante Princesse. Vous êtes ma liberatrice luy dit-

des Contes. 81

elle, je n'en sçaurois douter : nulle personne n'entre icy qui ne soit revétuë de la peau d'un de ces animaux que vous avez veus à l'entrée de cette caverne; C'a été le sort de toutes ces belles personnes que vous voyez auprés de moy. Aprés dix jours de course inutile pour me prendre, ells étoient changées en autant d'animaux durant le jour & la nuit nous reprenons nos figures humaines, & vous charmante Princesse si vous ne m'eussiez pas delivrée, vous auriez été changée en lapin blanc. En lapin blanc, s'écria Plus belle que Fée, ah Madame! il vaut mieux que j'aye conservé ma forme ordinaire, & qu'une si merveilleuse personne que vous ne soit plus biche, vous nous rendez à toutes nôtre liberté, reprit la Fée, passons joyeusement le reste de la nuit, & demain nous irons au Palais remplir toute la Cour d'étonnement.

On ne sçauroit exprimer l'allegresse dont retentissoit cette charmante demeure, & le ravissement où toutes ces belles personnes étoient d'aller joüir de la douceur de revivre pour ainsi dire, elles étoient toutes dans le même âge auquel elles avoient commencé leur course dans la Forest des Merveilles, & la plus âgée n'avoit pas vingt ans.

La Fée voulut se mettre au lit pour trois ou quatre heures, elle fit coucher Plus belle que Fée avec elle, & desira sçavoir son avanture. Elle la luy conta d'un ton de voix si touchant, son discours étoit si simple & si plein de verité, qu'elle l'engagea sans reserve à servir ses amours, & à la rendre heureuse. Elle n'oublia pas de luy parler de Desirs, & d'abord la Fée luy fut favorable.

Elles s'endormirent aprés un entretien assez long & qu'elles interrompoient agreablement par les charmantes caresses qu'elles se faisoient.

Le lendemain elles prirent toutes le chemin du Palais, voulant surprendre agreablement les Fées. Elles quitterent sans regret la Forest des Merveilles, & arriverent sans bruit au Palais. Quand elles furent prés de la derniere Cour, elles oüirent mille sons harmonieux qui composoient une excellente musique. Voicy quelque fête, dit la Fée, nous arrivons à propos, & avançant elles trouverent cette Cour toute remplie d'une foule incroyable.

La Fée la fit ouvrir & passa avec sa troupe. Les premiers qui la connurent poufferent des cris jufqu'au Ciel, & bientôt on fçut le fujet d'une fi grande joye; mais en avançant toûjours elle fut frappée par un étrange fpectacle. Elle vit une jeune fille plus charmante que les graces & faite comme Venus, qui étoit attachée à un poteau prés d'un bucher ou apparamment on l'alloit brûler.

Plus belle que Fée fit un grand cri reconnoiffant Defirs, mais elle fut bien furprife quand au même moment elle ne la vit plus.

& qu'il parut en sa place un jeune homme si beau & si bienfait, qu'on ne se pouvoit lasser de le regarder. A cette vûë Plus belle que Fée fit encore un cri plus grand, & courant sans garder nulle mesure, elle se jetta à son col en disant mille fois c'est mon frere.

C'étoit son frere aussi qui étoit cet heureux amant de la Princesse Desirs, qui craignant qu'on ne la fit mourir, venoit de luy donner la pierre de Gigés pour la soustraire à la cruauté de la Reine Nabote, il s'étoit ainsi par ce moyen découvert.

Le frere & la sœur se donnoient cent témoignages de tendresse ; l'invisible Desirs y méloït les siens, & sa voix se faisoit entendre quand son corps ne paroissoit pas, tandis que toutes les Fées dans un étonnement sans pareil, donnoient en mille manieres differentes, d'éclatantes marques de leur joye, de revoir leur vertueuse Reine. Les bonnes Fées venoient se jetter à ses pieds,

pieds, luy baiser la main & ses habits. Elles pleuroient, elles perdoient la parole, chacune s'exprimoit selon son caractere. Les mauvaises Fées ou les partisanes de Nabote faisoient aussi les empressées, & la politique donnoit un air de sincerité à leur fausse demonstration.

Nabote elle-même au desespoir de ce retour, se contraignoit avec un art dont elle seule étoit capable. Elle voulut d'abord ceder son pouvoir à la veritable Reine, qui d'un air grave & majestueux demanda pourquoy la jeune fille qu'elle avoit vûë, meritoit un pareil supplice, & depuis quel tems on solennisoit une mort cruelle par des fêtes & des jeux. Nabote s'excusoit fort mal, & la Reine l'écoutoit impatiemment, quand l'amant de Desirs prenant la parole; on punit cette Princesse, dit-il, parce qu'elle est trop aimable. On tourmente de même la Princesse ma sœur. Elles sont nées toutes deux telles que vous les voyez. Il pria lors sa maitresse d'enveloper la pierre de Gigés & elle parut. Desirs reparoissant charma tout ce qui la vit. Elles sont belles poursui-vit-il, elles ont mille vertus qu'elles ne tiennent point des Fées, voila ce qui les souléve & les oblige à les persecuter. Quelle injustice de vouloir étendre un pouvoir tyrannique sur tout ce qui ne dépend point de vous?

Le Prince se tût. La Reine se tourna vers l'assemblée d'un air agreable. Je demande, leur dit-elle, qu'on me donne ces trois personnes. Elles auront le sort le plus heureux que des mortels puissent avoir. Je dois assez à Plus belle que Fée, & je recompenserai ce qu'elle a fait pour moy par les bonheurs les plus constans.

Vous regnerés, Madame, poursuivit-elle, en se tournant vers Nabote, cet Empire est assez grand pour vous & pour moy. Allez dans les belles Isles qui vous appartiennent. Laissez-moy vôtre fils, je l'associe à mon pouvoir,

des Contes. 93

& je veux qu'il épouse Plus belle que Fée. Cette union nous reconciliera tous.

Nabote enrageoit de tout ce qu'ordonnoit la Reine. Mais quoy elle n'étoit pas la plus forte ; elle n'avoit qu'à obeïr, elle l'alloit faire de mauvaise grace, quand on vit arriver le beau Phraates suivi d'une galante jeunesse qui composoit sa Cour, il venoit rendre ses hommages à la Reine, & se rejoüir de son retour. Mais en passant il attacha la vûë sur Plus belle que Fée, & luy fit voir par des regards passionnez que c'étoit son premier devoir.

La Reine l'embrassa & luy presenta Plus belle que Fée le priant de la recevoir de sa main, il ne faut pas demander s'il obeït avec joye s'écriant avec transport.

Dieu des amans vous payés la constance,
De mille travaux amoureux,
Vous allés devenir pour combler tous mes veux,
Mon plaisir & ma recompense.

Les deux mariages se celebrerent dés le même jour : ils furent si heureux qu'on dit que ce sont les seuls époux qui ont gagné la vigne d'or, & que ceux dont on a parlé depuis n'ont été que des idées.

Ainsi la vertu triomphe des malheurs qu'on luy suscite. L'envie & la jalousie ne servent qu'à la faire briller, & souvent la justice du Ciel permet qu'elle soit heureuse.

Il est une destinée qui veille à la conduite des hommes & qui leur fait surmonter tout ce que l'on

veut opposer à leur bon-
heur.

 Naissez sous un astre prospere,
  Sans être façonné par l'art.
Tout vous reüssira la plus cruelle
 affaire,
Se rendra bonne un jour par un
 coup de hazard.
 La fortune un temps nous
  accable,
Mais c'est aprés pour nous mieux
 assister,
 Le bonheur se fait bien goûter,
A qui se ressouvient d'un état
 miserable.
 Mauvaise Fée étale son
 pouvoir,
A la vertu toûjours elle fait des
 obstacles,
 Fée en ce temps se fait encore
 voir,
 Mais on ne voit plus de mi-
racles.   PERSINETTE.

Persinette.

PERSINETTE.

CONTE.

Deux jeunes amans s'étoient mariés ensemble aprés une longue poursuite de leurs amours; rien n'étoit égal à leur ardeur, ils vivoient contens & heureux, quand pour combler leur felicité, la jeune épouse se trouva grosse, & ce fut une grande joye dans ce petit ménage: ils fouhaitoient fort un enfant, leur defir fe trouvoit accompli.

Il y avoit dans leur voifinage une Fée qui fur tout étoit curieufe d'avoir un beau jardin, on y voyoit avec abondance de toutes fortes de fruits, de plantes & de fleurs.

En ce tems-là le perfil étoit fort rare dans ces contrées; la Fée en avoit fait porter des Indes, & on n'en eût fçu trouver dans tous le Païs que dans fon jardin.

des Contes. 99

La nouvelle épouse eut une grande envie d'en manger, & comme elle sçavoit bien qu'il étoit mal-aisé de la satisfaire, parce que personne n'entroit dans ce jardin ; elle tomba dans un chagrin qui la rendit même méconnoissable aux yeux de son époux. Il la tourmenta pour sçavoir la cause de ce changement prodigieux qui paroissoit dans son esprit aussi-bien que sur son corps, & aprés lui avoir trop resisté, sa femme luy avoüa enfin qu'elle voudroit bien manger du

I ij

persil; le mary soupira & se troubla pour une envie si mal-aisée à satisfaire; neanmoins comme rien ne paroît difficile en amour, il alloit jour & nuit autour des murs de ce jardin pour tâcher d'y monter, mais ils étoient d'une hauteur qui rendoit la chose impossible.

Enfin un soir il aperçût une des portes du jardin ouverte. Il s'y glissa doucement, & il fut si heureux qu'il prît à la hâte une poignée de persil, il ressortit comme il étoit entré, &

des Contes.

porta son vol à sa femme qui le mangea, avec avidité, & qui deux jours aprés se trouva plus pressée que jamais de l'envie d'en remanger encore.

Il falloit que dans ce tems-là le persil fût d'un goût excellent.

Le pauvre mary retourna ensuite plusieurs fois inutilement; mais enfin sa perseverance fut recompensée, il trouva encore la porte du jardin ouverte, il y entra & fut bien surpris d'appercevoir la Fée elle-même qui le gronda fort de la hardiesse qu'il avoit de venir ainsi dans un lieu, dont l'entrée n'étoit permise à qui que ce fût : le bon homme confus se mit à genoux luy demanda pardon, & luy dit, que sa femme se mouroit, si elle ne mangeoit pas un peu de persil ; qu'elle étoit grosse, & que cette envie étoit bien pardonnable, eh bien, luy dit la Fée, je vous donneray du persil tout autant que vous en voudrés, si vous me voulez donner l'enfant dont vôtre femme accouchera.

Le mary aprés une courte deliberation le promit, il prit du perfil autant qu'il en voulut.

Quand le temps de l'accouchement fut arrivé, la Fée fe rendit prés de la mere qui mit au monde une fille à qui la Fée donna le nom de Perfinette, elle l'a reçût dans des langes de toille d'or, & luy arrofa le vifage d'une eau precieufe qu'elle avoit dans un vafe de criftal qui la rendit au moment même la plus belle creature du monde.

Aprés ces ceremonies de

beauté la Fée prit la petite Persinette, l'emporta chez elle, & la fit élever avec tous les soins imaginables; ce fut avec merveille, avant qu'elle eût atteint sa douziéme année, & comme la Fée connoissoit sa fatalité, elle resolut de la dérober à ses destinées.

Pour cet effet elle éleva par le moyen de ses charmes une Tour d'argent au milieu d'une forêt : cette misterieuse Tour n'avoit point de porte pour y entrer; il y avoit de grands & beaux appartemens aussi éclairez que si la lumiere du soleil y fût entrée, & qui recevoient le jour par le feu des escarboucles, dont toutes ces chambres brilloient. Tout ce qui étoit necessaire à la vie s'y trouvoit splendidement; toutes les raretez étoient ramassées dans ce lieu. Persinette n'avoit qu'à ouvrir les tiroirs de ses cabinets, elle les trouvoit pleins des plus beaux bijoux, ses garderobes étoient magnifiques autant que celles des Reines d'Asie ; & il n'y avoit pas une mode, qu'elle ne fût la premiere à avoir, elle étoit seule dans ce beau sejour, où elle n'avoit rien à desirer que de la compagnie, à cela prés tous ses desirs étoient prevenus & satisfaits.

Il est inutile de dire qu'à tous ses repas les mets les plus delicats faisoient sa nourriture; mais j'assurerai que comme elle ne connoissoit que la Fée elle ne s'ennuyoit point dans sa solitude; elle lisoit, elle peignoit, elle joüoit des instrumens & s'amusoit à toutes ces choses qu'une fille qui a été parfaitement élevée n'ignore point.

La Fée luy ordonna de coucher au haut de la Tour, où il y avoit une seule fenêtre, & aprés l'avoir établie dans cette charmante solitude, elle descendit par cette fenêtre & s'en retourna chez elle.

Persinette se divertit à cent choses differentes, dés qu'elle fut seule. Quand elle n'auroit fait que foüiller dans ses caffettes c'étoit une assez grande occupation, combien de gens en voudroient avoir une femblable!

La vûë de la fenêtre de la Tour étoit la plus belle vûë du monde ; car on voyoit la mer d'un côté, & de l'autre cette vaste forest, ces deux objets étoient finguliers & charmans. Perfinette avoit la voix divine, elle fe plaifoit fort à chanter, & c'étoit fouvent fon divertiffement fur tout aux heures qu'elle attendoit la Fée. Elle la venoit voir fort fouvent, & quand elle étoit au bas de la Tour, elle avoit accoûtumé de dire. Persinette, descendez vos cheveux que je monte.

C'étoit une des grandes beautez de Persinette que ses cheveux qui avoient trente aunes de longueur sans l'incommoder, ils étoient blonds comme fin or, cordonnez avec des rubans de toutes couleurs, & quand elle entendoit la voix de la Fée, elle les detâchoit, les mettoit en bas & la Fée montoit.

Un jour que Persinette étoit seule à la fenêtre, elle se mit à chanter le plus joliment du monde.

Un jeune Prince chaſſoit dans ce tems-là, il s'étoit écarté à la ſuite d'un cerf, & entendant ce chant ſi agreable, il s'en approcha & vit la jeune Perſinette, ſa beauté le toucha, ſa voix le charma. Il fit vingt fois le tour de cette fatale Tour, & n'y voyant point d'entrée, il penſa mourir de douleur, il avoit de l'amour, il avoit de l'audace, il eût voulu pouvoir eſcalader la Tour.

Perſinette de ſon côté perdit la parole quand elle

des Contes. 111

vit un homme si charmant, elle le considera longtems toute étonnée, mais tout à coup elle se retira de la fenêtre, croyant que ce fût quelque monstre, se souvenant d'avoir oüy dire qu'il y en avoit qui tüoient par les yeux, & elle avoit trouvé les regards de celuy-cy tres-dangereux.

Le Prince fut au desespoir de la voir ainsi disparoître; il s'informa aux habitations les plus voisines de ce que c'étoit, on luy apprit qu'une Fée avoit bâti cette tour, & y avoit enfermé une jeune fille, il y rodoit tous les jours : enfin il y fut tant qu'il vit arriver la Fée & entendit qu'elle disoit, Persinette, descendez vos cheveux que je monte. Au même instant il remarqua que cette belle personne défaisoit les longues tresses de ses cheveux, & que la Fée montoit par eux, il fut tres-surpris d'une maniere de rendre visite si peu ordinaire.

Le lendemin quand il crût que l'heure étoit passée, que la Fée avoit accoûtumé d'entrer dans la la Tour, il attendit la nuit avec beaucoup d'impatience, & s'approchant fous la fenêtre il contrefit admirablement la voix de la Fée, & dit. Perfinette, defcendez vos cheveux que je monte.

La pauvre Perfinette abufée par le fon de cette voix accourut & detacha fes beaux cheveux, le Prince y monta, & quand il fut au haut, & qu'il fe vit fur la fenêtre, il penfa tomber en bas, quand il remarqua de fi prés cette prodigieufe beauté : neanmoins rappellant toute son audace naturelle, il sauta dans la chambre, & se mettant aux pieds de Persinette, il luy embrassa les genoux avec une ardeur qui pouvoit la persuader : elle s'effraya d'abord, elle cria, un moment aprés elle trembla, & rien ne fut capable de la rasseurer, que quand elle sentit dans son cœur autant d'amour qu'elle en avoit mis dans celuy du Prince. Il luy disoit les plus belles choses du monde, à quoy elle ne repondit que par un trouble qui donna

des Contes. 115

de l'esperance au Prince; enfin devenu plus hardy, il luy proposa de l'épouser sur l'heure, elle y consentit sans sçavoir presque ce qu'elle faisoit, elle acheva de même toute la ceremonie.

Voila le Prince heureux, Persinette s'accoûtume aussi à l'aimer, ils se voyoient tous les jours, & peu de temps aprés elle se trouva grosse. Cet état inconnu l'inquieta fort, le Prince s'en douta, & ne lui voulut pas expliquer de peur de l'affliger. Mais la

K ij

Fée l'étant allée voir, ne l'eut pas sitôt consideree qu'elle connut sa maladie. Ah malheureuse! luy dit-elle, vous êtes tombée dans une grande faute; vous en serez punie, les destinées ne se peuvent éviter, & ma prevoyance a été bien vaine; en disant cela elle luy commanda d'un ton imperieux de luy avoüer toute son avanture, ce que la pauvre Persinette fit les yeux tout trempez de larmes.

Aprés ce recit la Fée ne parut point touchée de

tout l'amour dont Persinette luy racontoit des traits si touchans, & la prenant par ses cheveux elle en coupa les precieux cordons; aprés quoy elle la fit descendre & descendit aussi par la fenêtre, quand elles furent au bas elle s'envelopa avec elle d'un nuage qui les porta toutes deux au bord de la mer dans un endroit tres-solitaire, mais assez agreable; il y avoit des prés, des bois, un ruisseau d'eau douce, une petite hutte faite de feüillages toûjours verds,

& il y avoit dedans un lit de jonc marin, & à côté une corbeille, dans laquelle il y avoit de certains biscuits qui étoient assez bons, & qui ne finissoient point. Ce fut en cet endroit que la Fée conduisit Persinette, & la laissa aprés luy avoir fait des reproches qui luy parurent cent fois plus cruels que ses propres malheurs.

Ce fut en cet endroit qu'elle donna naissance à un petit Prince, & à une petite Princesse, & ce fut en cet endroit qu'elle les nourrit, & qu'elle eut tout le temps de pleurer son infortune.

Mais la Fée ne se trouva pas une vengeance assez pleine, il falloit qu'elle eût en son pouvoir le Prince, & qu'elle le punit aussi; dés qu'elle eut quitté la malheureuse Persinette, elle remonta à la Tour, & se mettant à chanter du ton dont chantoit Persinette, le Prince trompé par cette voix, & qui revenoit pour la voir luy redemanda ses cheveux pour monter comme il avoit accoû-

tumé ; la perfide Fée les avoit exprés coupés à la belle Perfinette, & les luy tendant le pauvre Prince parut à la fenêtre, où il eut bien moins d'étonnement que de douleur, de ne trouver pas sa maîtresse, il la chercha des yeux, mais la Fée le regardant avec colere ; temeraire, luy dit-elle, vôtre crime eſt infini, la punition en fera terrible, mais luy fans écouter des menaces qui ne regardoient que luy feul, où eſt Perfinette, luy repondit-il, elle n'eſt plus pour vous
repli-

repliqua-t-elle : lors le Prince plus agité des fureurs de sa douleur, que contraint par la puissance de l'art de la Fée, se precipita du haut de la Tour en bas. Il devoit mille fois se briser tout le corps, il tomba sans se faire autre mal que celuy de perdre la vûë.

Il fut tres étonné de sentir qu'il ne voyoit plus, il demeura quelque tems au pied de la Tour à gemir & à prononcer cent fois le nom de Persinette.

Il marcha comme il pût

en tâtonnant d'abord, ensuite ses pas furent plus asseurez, il fut ainsi je ne sçay combien de tems sans rencontrer qui que ce fût qui pût l'assister & le conduire; il se nourrissoit des herbes & des racines qu'il rencontroit quand la faim le pressoit.

Au bout de quelques années il se trouva un jour plus pressé du souvenir de ses amours & de ses malheurs qu'à l'ordinaire, il se coucha sous un arbre & donna toutes ses pensées aux tristes reflexions qu'il faisoit. Cette occupation est cruelle à qui pense meriter un meilleur sort, mais tout à coup il sortit de sa réverie par le son d'une voix charmante qu'il entendit. Ces premiers sons allerent jusqu'à son cœur, ils le penetrerent, & y porterent de doux mouvemens avec lesquels il y avoit long-tems qu'il n'avoit plus d'habitude. O Dieux! s'écria-t-il, voila la voix de Persinette.

Il ne se trompoit pas, il étoit insensiblement arrivé dans son desert, elle étoit assise sur la porte de sa cabanne, & chantoit l'histoire malheureuse de ses amours; deux enfans qu'elle avoit plus beaux que le jour se joüoient à quelques pas d'elle, & s'éloignant un peu ils arriverent jusques auprés de l'arbre sous lequel le Prince étoit couché. Ils ne l'eurent pas plûtôt vû, que l'un & l'autre se jettant à son col l'embrasserent mille fois en disant à tout moment, c'est mon pere. Ils appellerent leur mere, & firent de tels cris, qu'elle accou-

des Contes. 125

fut ne sçachant ce que ce pouvoit être ; jamais jusqu'à ce moment-là sa solitude n'avoit esté troublée par aucun accident.

Quelle fut sa surprise & sa joye quand elle reconnut son cher époux ? c'est ce qui n'est pas possible d'exprimer : elle fit un cri perçant, & s'élançant auprés de luy, son saisissement fut si sensible, que par un effet bien naturel elle versa un torrent de larmes. Mais, ô merveille ! à peine ses larmes precieuses furent-elles tombées sur les yeux du Prince, qu'ils reprirent incontinent toute leur lumiere, il vit clair comme il faisoit autrefois, & il reçut cette faveur par la tendresse de la passionnée Persinette, qu'il prit entre ses bras, &, à qui il fit mille fois plus de caresses qu'il ne luy en avoit jamais fait.

C'étoit un spectacle bien touchant de voir ce beau Prince, cette charmante Princesse & ces aimables enfans dans une joye & une tendresse qui les transportoit hors d'eux-mêmes.

Le reste du jour s'écoula ainsi dans ce plaisir ; mais le soir étant venu, cette petite famille eut besoin d'un peu de nourriture ; le Prince croyant prendre du biscuit, il se convertit en pierre ; il fut épouvanté de ce prodige & soupira de douleur, les pauvres enfans pleurerent, la desolée mere voulut au moins leur donner un peu d'eau, mais elle se changea en Cristal.

Quelle nuit ! ils la passerent assez mal, ils crurent cent fois qu'elle seroit éternelle pour eux.

Dés que le jour parut ils se leverent & resolurent de cuëillir quelques herbes, mais quoy ! elles se transformoient en crapaux, en bêtes venimeuses, les oiseaux les plus innocens devinrent des dragons, des harpies qui voloient autour d'eux, & dont la vûë causoit de la terreur. C'en est donc fait, s'écria le Prince ; ma chere Persinette je ne vous ay retrouvée que pour vous perdre d'une maniere plus terrible : mourons, mon cher

Prince, repondit-elle, en l'embraffant tendrement, & faifons envier à nos ennemis même la douceur de nôtre mort.

Leurs pauvres petits enfans étoient entre leurs bras dans une defaillance qui les mettoit à deux doigts de la mort. Qui n'auroit pas efté touché de voir ainfi mourante cette deplorable famille ? auffi fe fit-il pour eux un miracle favorable : la Fée fut attendrie & rappellant dans cet inftant toute la tendreffe qu'elle avoit fentie autrefois pour l'aimable Persinette : elle se transporta dans le lieu où ils étoient, elle parut dans un char brillant d'or & de pierreries, elle les y fit monter, se plaçant au milieu de ces amans fortunées, & mettant à leurs pieds leurs agreables enfans sur des Carreaux magnifiques, elle les conduisit de la sorte jusqu'au Palais du Roy Pere du Prince; ce fut là que l'allegresse fut excessive, on reçût comme un Dieu ce beau Prince que l'on croyoit perdu depuis si long-tems, & il se trouva si satisfait de se voir dans le repos aprés avoir esté si agité de l'orage, que rien au monde ne fut comparable à la felicité dans laquelle il vécut avec sa parfaite épouse.

Tendres amans apprenez par ceux-cy,
Qu'il est avantageux d'être toûjours fidéles,
Les peines, les travaux, le plus cuisant soucy,
Tout enfin se trouve adoucy,
Quand les ardeurs sont mutuelles :
On brave la fortune, ou surmonte le sort,
Tant que deux amans sont d'accord.

AVIS

Pour le Conte suivant.

L'Enchanteur est pris d'un ancien Livre gothique nommé Perseval. On y a retranché beaucoup de choses qui n'étoient pas suivant nos mœurs. On y en a ajoûté bien d'autres aussi. Quelques nom sont changés. C'est le seul Conte qui ne soit pas tout entier de l'Auteur ; tous les autres sont purement de son invention.

P.133. T1.

l'Enchanteur.

L'ENCHANTEUR.

CONTE.

IL y eut autrefois un Roy que l'on appelloit le bon Roy ; parce qu'il étoit vertueux & juste, aimé de ses sujets cheri de ses voisins.

Comme sa renommée, étoit répanduë par toute la terre, un autre Roy vint dans ses Etats pour luy demander une femme : le bon Roy honoré d'une telle confiance, choisit la plus charmante de toutes ses niêces, & la luy promit, on l'appelloit Isene la belle.

On fit à sçavoir par toute la terre un si illustre mariage, afin que chacun le vit celebrer par des fêtes & des jeux, il y vint tant de monde que c'étoit merveille.

Entre tant de Princes le Seigneur des Isles lointaines se fit extremément remarquer. Il étoit fort bien fait & grand enchanteur.

Dés qu'il vit Isene la belle il en devint amoureux, & fut tres-fâché de voir qu'elle alloit être à un autre ; il se flattoit que s'il fût arrivé plûtôt, & qu'il l'eût demandée au bon Roy, qu'il l'auroit obtenuë.

Dans cette pensée il s'affligeoit & tourmentoit son esprit sur les expediens dont il pourroit se servir, pour avoir la possession d'une beauté si accomplie.

Le mariage se fit enfin à son grand regret, mais il

disposa si bien de ses arts, que la nuit des nôces quand on eut couché la mariée, on la laissa seule selon la coûtume de ce tems-là, & elle par une puissance secrette ne pût demeurer dans son lit, elle en sortit & entra dans un cabinet qui étoit à côté de sa chambre, elle s'assit sur un petit lit de repos, s'amusant à regarder les raretez de ce beau lieu, ce cabinet étant tout éclairé ; mais elle eut bien-tôt une autre occupation quand elle vit entrer le Seigneur des Isles

Isles lointaines.

Il se mit à genoux devant elle, luy dit qu'il l'aimoit, & elle sentit une si grande inclination pour luy, que toute la magie ne peut former rien de semblable, s'il n'est pris dans un sentiment naturel.

Il dit à la Reine les plus belles choses du monde : elle y répondit si bien qu'il se crut heureux, & il luy avoüa qu'il avoit mis dans le lit du Roy une esclave qu'il prendroit pour elle. Isene en rit, & passa la nuit à se mocquer de son mary,

& le jour étant venu, elle parut comme si de rien n'étoit.

Le Roy fort charmé de la bonne fortune qu'il avoit euë, se trouvoit le plus content de tous les hommes, mais l'Enchanteur étoit le plus amoureux & le plus satisfait, il remporta tous les prix des tournois, il donna cent marques d'amour à Isene la belle, ou personne ne prit garde; ils se regardoient à la dérobée, s'ils dansoient ensemble ils se serroient la main, ils beuvoient à table dans le même verre, rien n'est comparable à la felicité des commencemens d'amour.

La seconde nuit l'Enchanteur fut encore avec la Reine, & il mit son esclave dans le lit du Roy. La journée se passa en ces témoignages d'amour, qui bien que donnez misterieusement ont un charme infini pour les ames delicates.

La troisiéme nuit fut semblable aux deux autres, si l'Enchanteur eut les mêmes douceurs, le Roy en crut trouver aussi auprés de celle qu'il avoit mise au côté de ce Prince.

Les fêtes finies chacun se retira & ce Roy prit congé du bon Roy, & mena sa nouvelle épouse dans ses Etats.

Peu de tems aprés, elle s'apperçut qu'elle étoit grosse, & le terme étant venu, elle accoucha du plus beau Prince qu'on eût jamais vû, il se nommoit Carados.

Le Roy l'aimoit passionnement, parce qu'il en

croyoit être le pere, & la Reine le cheriſſoit avec une grande tendreſſe.

Il grandiſſoit à vûë d'œil & devenoit plus beau de jour en jour : on eût dit à douze ans qu'il en avoit dix-huit, dés qu'on luy montroit quelque choſe, il la ſçavoit le moment d'aprés mieux que ſes maîtres; il danſoit bien, il chantoit de même, montoit bien à cheval, faiſoit dans la perfection tous ſes exercices, ſçavoit l'hiſtoire & n'ignoroit rien de ce qu'un grand Prince doit ſçavoir.

Il entendoit si souvent parler de la Cour du bon Roy, qu'il luy prit une forte envie d'y aller, il la témoigna au Roy & à la Reine qui la blâmerent ne pouvant consentir à voir éloigner un enfant si aimable.

Mais le jeune Carados ne pût souffrir la resistance qu'on luy faisoit, il en tomba malade de chagrin, & son pere & sa mere voyant qu'il empiroit de jour à autre, se resolurent à le contenter. Ils luy firent un bel équipage, & aprés l'a-

des Contes. 143
voir embrassé mille fois ils
le laisserent partir.

Je ne diray point comme il fut reçu à la Cour du
bon Roy, cela se doit entendre, on luy fit cent caresses, & tout le monde
étoit étonné de le voir si
bien fait, si beau, & si
charmant.

Il acheva de se perfectionner dans cette Cour,
il fut à la guerre, & fit des
actions si belles qu'on ne
parloit que de sa valeur.

Il avoit dix-huit ans
quand la fête du Roy arriva, c'étoit le jour de sa naiss-

sance qu'il avoit accoûtumé de celebrer avec beaucoup de splendeur.

Il tenoit une Cour pleniere, & accordoit ordinairement tout ce qu'on luy demandoit. Son trône étoit élevé dans une salle prodigieusement grande, dont le devant qui donnoit dans la campagne étoit fait en grandes arcades qui prenoient depuis le haut jusques au bas; ainsi l'on pouvoit aisément voir ceux qui venoient & c'étoit là qu'une belle & innombrable assemblée

blée entouroit le trône du Roy.

Il avoit une fort belle femme qui étoit auprés de luy, avec un tres-grand nombre de Princesses & de Dames.

On ne songeoit qu'à se réjoüir, & tous les esprits étoient disposez à la joye. Carados brilloit dans cette assemblée comme la rose au dessus des autres fleurs quand on apperçut dans la plaine un Cavalier sur un beau cheval blanc à crin isabelle qui s'avançoit de la meilleure grace du monde.

Etant assez prés pour être discerné, on remarqua qu'il étoit vétu de verd, ceint d'une magnifique écharpe, à laquelle pendoit une épée si brillante de pierreries, qu'on n'en pouvoit supporter l'éclat. Ce jeune homme étoit divinement beau, cent boucles de cheveux blonds lui couvroient toutes les épaules : il avoit une couronne de fleur sur sa tête, un air vif & gay animoit son visage, & il alloit en chantant tres agreablement.

Quand il fut prés de la Sale il descendit legerement à terre, & les gens du bon Roy bien appris emmenerent son cheval & en eurent soin.

Il entra dans le lieu où étoit le bon Roy d'une façon si agreable qu'il attira les regards de toute l'assemblée ; les Dames sur tout le trouverent charmant, il s'avança vers le trône du bon Roy avec une noble hardiesse, aprés avoir salué une si illustre compagnie.

Il se mit à genoux devant

le Roy, detacha son épée & la mit à ses pieds. Sire, luy dit-il, je viens demander un don à vôtre Majesté, j'espere de sa bonté qu'elle ne me le refusera pas en un jour si solennel.

Parlés, agreable Etranger, luy repondit le bon Roy, je ne refuse rien en un jour comme celuy-cy, & ce ne seroit pas par vous que je commencerois un refus qui ne m'est pas ordinaire, je vous donne ma parole, que quoy que vous demandiez, vous l'obtiendrez.

Cela étant, repliqua le jeune homme, je vous demande, Sire, l'acolée pour l'acolée.

Que veut dire cela? s'écria le Roy tout surpris! vous proposez une Enigme au lieu de demander une grace; je ne vous entens point, & lors le bon Roy se tournant vers toute l'assemblée, il leur demanda s'ils sçavoient ce que ces paroles vouloient dire, & luy ayant esté répondu qu'on ne sçavoit ce qu'elles signifioient, il dit encore au jeune homme de s'expliquer mieux.

L'acolée pour l'acolée, répondit le jeune homme, ne veut dire autre chose, Sire, si ce n'est qu'il faut que quelqu'un de cette noble assemblée me coupe la tête avec mon épée que voilà.

A cette demande l'assemblée fit une longue exclamation d'étonnement, le Roy en pensa tomber de son trône de surprise, la Reine en fronça le sourcil d'horreur, & toutes les belles Dames qui étoient avec elle en témoignerent du chagrin.

Le bon Roy voulut s'excuser de tenir une si barbare promesse, & dit qu'on l'avoit surpris, mais le jeune homme obstiné tint ferme, & dit au Roy que son honneur y étoit engagé. Le Roy étoit dolent au possible, il eut beau demander si quelqu'un vouloit faire cette horrible execution; personne ne disoit mot, dont le Roy étoit encore plus fâché, en vain il témoignoit à ce jeune homme qu'il venoit troubler cruellement la joye de ce jour. Il demeura inflexible à vouloir qu'on lui coupât la tête.

Enfin Carados s'avança, & dit au Roy qu'il lui étoit trop devoüé pour souffrir l'affront que ce jeune homme luy vouloit faire par l'impossibilité qu'il croyoit avoir mise au don qu'il avoit accordé, & qu'il étoit prêt de degager sa parole.

Le jeune homme fit un sourire agreable en regardant Carados; & luy dit, qu'il étoit prêt à recevoir la mort. On apporta un billot; Carados tira la fatale épée, le jeune homme se mit à genoux, & tous les yeux étoient attentifs à un spectacle si étonnant, quand Carados separa d'un coup la tête du corps qui fit trois tours, & bondissant trois fois, elle alla se replanter sur son tronc, & le jeune homme se releva avec une disposition toute gaillarde.

Si on avoit esté surpris de la demande qu'il avoit faite, on le fut bien plus de sa resurrection. Aprés de grands cris, un silence d'admiration tint long-tems tous les esprits comme enchantez.

Le bon Roy fut fort aise de cette avanture, & le jeune Carados encore plus que lui, de n'avoir commis qu'un meurtre si innocent, mais ce jeune homme se rapprochant gayement du Roy se remit à genoux.

Sire, luy dit-il, je vous somme de me tenir le don que vous m'avez accordé; & quoy, repliqua le Roy, ne l'ay-je pas fait ? non, Sire, poursuivit-il, il n'y en a que la moitié : je vous ay demandé l'acolée pour l'acolée, Carados me l'a donné, il faut à present que je la luy rende, & que je luy coupe la tête aussi.

A cette proposition tout le monde éleva la voix, sur tout on entendit mille cris feminins qui sembloient s'opposer à une demande si barbare, le Roy fut consterné, la Reine & toutes les Dames éperduës, l'assemblée troublée, tant on aimoit Carados, luy seul parut tranquille, & dit au Roy qu'il étoit trop heureux de répandre son sang pour degager son honneur.

Le jeune homme le regarda encore en souriant, & se tournant vers le bon Roy, Sire, luy dit-il, j'ay assez troublé le plaisir de cette fête, ce seroit trop d'agitation pour un jour, je remets l'execution de cette affaire d'aujourd'huy à un an, où je supplie tous ces Princes & ces Seigneurs de s'y trouver, je reviendray à pareil jour, pour l'execution de vôtre parole, & nous verrons si Carados aura autant de courage pour souffrir la mort, qu'il a eu de fermeté à me la vouloir donner.

Aprés cela on se mit à table, le banquet fut fort mélancolique, & tous les conviez étoient tristes pour le destin de Carados.

L'année se passa en des occasions de gloire pour ce Prince, il fit cent belles actions, & il fut le premier qui au bout de l'an, se rendit dans la salle de l'assemblée: tout le monde étoit consterné, & on avoit la vûë incessamment attachée du côté de la campagne, esperant toûjours que peut-être on ne verroit pas celuy dont on craignoit tant l'arrivée.

Il parut enfin monté sur le même cheval avec son habillement verd, son escharpe, sa belle épée & sa couronne de roses, il chantoit comme l'autre fois, & il fut du même air au pied du trône du Roy, luy demander l'accomplissement de sa parole. Le bon Roy le pria vainement de s'en deporter, & la Reine voyant que le Roy ne gagnoit rien sur son esprit vint avec toutes les Dames le conjurer de laisser toute la vie à Carados, luy offrant la plus belle des Niéces du Roy avec la moitié de son Royaume, mais les prieres & les larmes de la Reine n'obtinrent rien.

Le seul Carados ne paroissoit point émeu du peril qui le menaçoit, il s'avança d'une contenance assurée vers le bon Roy, & le pria de faire finir promptement une chose qui aussi bien étoit inévitable.

Le billot fut porté & le Prince tendit la gorge : le

jeune homme leva son épée, & la tint si long-tems en l'air, que Carados jettant sur luy des regards qui eussent attendry la cruauté même. Achevez, luy dit-il, vous me donnez mille morts pour une.

A ces paroles le jeune homme haussa davantage le bras, & aprés cela il remit tranquillement son épée au fourreau, & tendit la main à Carados pour le relever. Levez-vous, jeune Prince, luy dit-il, vous aviez donné en cent occasions des marques de vôtre courage,

courage, je suis bien-aise qu'on en aye veu une de vôtre fermeté.

Mille cris de joye furent poussez jusqu'au ciel pour un succez si peu attendu. Le bon Roy descendit du trône & vint embrasser le jeune homme, la Reine, les Dames, toute l'assemblée paroissoient plûtôt des personnes troublées que des personnes raisonnables.

Le Festin fut rempli d'allegresse & le jeune homme demanda à parler en particulier à Carados, ils pasferent tous deux dans une galerie ; où le jeune homme aprés bien des caresses qu'il fit à Carados luy apprit qu'il étoit le Seigneur des Isles lointaines, & qu'il étoit son pere : à cette nouvelle le Prince rougit, & son visage s'alluma de colere, il dit à l'Enchanteur que cela n'étoit point vrai, qu'il vouloit noircir la reputation d'Isene la belle, & que le Roy son mary étoit son pere. L'Enchanteur fut surpris de trouver un si mauvais naturel. Vous êtes un ingrat, luy répondit-il, mais vous n'en êtes pas moins mon fils, c'est moy qui vous ay doüé de tant de belles qualitez, qui vous font aimer de tout le monde. ha! Carados j'ay peur que vous ne vous repentiez de la dureté que vous me témoignez.

Ils se separerent & quelques jours aprés, Carados qui n'avoit pas crû être le fils de l'Enchanteur, eut envie d'aller voir celuy qu'il vouloit qui fût son pere, il prit donc congé du bon Roy & de la Reine, & fut trouver le mary d'Isene la belle.

Il fut reçu avec de grandes demonstrations d'amitié, par le Roy & la Reine, & quand il fut seul avec le Roy qui luy parloit de la crainte qu'il avoit eûë pour sa mort qu'un inconnu poursuivoit ; Carados fut assez imprudent pour luy conter tout ce que l'Enchanteur luy avoit dit.

Le Roy qui aimoit Carados avec une tendresse infinie fut frappé à son recit, & l'asseura que quoy qu'il en fût il ne l'aimeroit pas moins, qu'il le regardoit toûjours comme son fils & son successeur, & qu'il n'en auroit point d'autre, mais qu'il falloit éclaircir le fait de la Reine qui pouvoit bien avoir quelques galanteries avec le Seigneur des Isles lointaines.

On envoya chercher Isene la belle qui se pâma entendant dire la verité, & qui n'en parut que trop convaincuë, elle ne s'amusa pas à la nier, mais sa plus grande douleur étoit de se voir accusée, & convaincuë par son propre fils.

Le Roy consulta Carados pour le remede qu'il y avoit à chercher à un si grand mal : Carados dit que bien que la honte du Roy eût été secrette, qu'il falloit une vengeance d'éclat, qu'il falloit donc que le Roy envoyât chercher des ouvriers de toutes parts, & qu'il employât tous ses tresors à faire construire une Tour d'une force imprenable, & que l'on y enfermât la Reine dedans avec une bonne & sûre garde.

Ce conseil plût au Roy, & il fut executé en peu de

jours, la Tour fut batie, & la Reine fut enfermée dedans.

Aprés cela Carados qui ne sentoit nul remords du traitement qu'il faisoit à sa mere, partit pour s'en retourner à la Cour du bon Roy.

Il n'étoit plus qu'à deux journées de la Ville capitale de son Royaume, quand il apperçut de loin dans un pré quelque chose de fort brillant, & en étant plus prés, il connut que c'étoit des tentes, dont sur la plus élevée, il y avoit sur une boule d'or un grand aigle de même matiere, qui sembloit s'élever vers le Ciel.

Carados s'avança vers ces tentes, il ne vit personne tout autour, il descendit de cheval, & entra dans celle qui luy parut la plus belle: il y avoit dedans un fort beau lit, dont les rideaux étoient relevés, & sur ce lit une jeune personne nompareille en beauté qui dormoit.

Le Prince fut d'abord charmé de la vûë d'un aimable objet. Le premier mo-

moment fut donné à l'admiration & le second à l'amour. Il aima sans pouvoir s'en deffendre & contre la coûtume du tems des grandes passions, il fut hardy comme on l'est à present, il fut hardy aussi-tôt qu'amoureux.

Il mit au commencement un genou à terre, & prit une des mains de cette jeune fille, qu'il baisa: mais son audace augmentant elle s'éveilla, & fut effrayée de se trouver entre les bras d'un homme qu'elle ne considera pas d'abord: elle cria donc, & vouloit se jetter en bas de son lit lors qu'une esclave Grecque sortit d'un cabinet & accourut; elle tendit d'abord les mains à sa maîtresse pour l'aider, mais jettant les yeux sur Carados, elle s'abandonna à une grande surprise.

Regardez celuy que vous fuyez, dit-elle à sa jeune maîtresse, qui tourna la tête du côté du Prince avec des yeux farouches, mais ils s'adoucirent tout à coup, & souriant ensuite d'une maniere agreable;

c'est Carados, dit-elle avec beaucoup de joye, c'est Carados.

Je suis sans doute Carados, luy répondit le Prince charmé de sa douceur. Mais comment me connoissez-vous? Attendez un moment, reprit-elle, & courant dans un pavillon prochain avec son esclave, elle en revint incontinent tenant un grand rouleau qu'elle deploya, & elle fit voir à Carados son portrait.

Voila vôtre portrait, luy dit-elle, dés que je le vis je vous aimay, & aussi-tôt que je vous aimay, je me destinay à vous, & j'obtins de mon frere que je n'aurois jamais d'autre mary. Nous allons à la Cour du bon Roy, où il va lui demander une épouse, & vous demander pour mon époux. Mon frere est le Roy Candor, & je m'appelle Adelis.

Comme elle achevoit ces mots le Roy Candor presque aussi beau que sa sœur entra dans la tente. Adelis lui presenta Carados, ils s'aimerent dés lors comme freres & s'en allerent ensemble à la Cour du bon Roy.

On y fut charmé de la bonne mine & de la beauté du frere & de la sœur ; le bon Roy presenta toutes ses Niéces au Roy Candor, il choisit la plus aimable qu'il épousa.

L'on alloit celebrer le mariage de Carados & d'Adelis quand il arriva un messager de la part du Roy qu'il croyoit son pere qui le mandoit en toute diligence. Il partit, laissa la belle Adelis, & promit un prompt retour : mais ne sçait-on pas que les choses qui dépendent du destin ne sont pas en nôtre puissance.

Quand Carados fut arrivé le Roy luy dit qu'il étoit dans une peine étrange, qu'on entendoit toutes les nuits dans la Tour d'Isene la belle des melodies charmantes, & qu'apparemment l'Enchanteur prenoit le soin de la divertir dans sa captivité.

Il ne se trompoit pas, le Seigneur des Isles lointaines avoit esté au desespoir de ce qu'on faisoit souffrir à la Reine pour l'amour de luy, & voulut luy en adoucir la rigueur par de continüels témoignages d'amour. Il avoit pris douze belles filles qu'il mit auprés d'elle, il eut des hommes bien-faits, & composa une Cour agreable, il eut les meilleurs Musiciens qu'il y eût alors, de bons danseurs, d'excellens Comediens, elle avoit la Comedie trois fois la semaine, l'Opera, les autres nuits, ou des fêtes tres-agreables avec des festins splendides

Il trompoit ainsi le tems qu'on vouloit faire passer à la Reine avec tant d'ennuy, & il accompagnoit tous ces plaisirs par celuy de sa presence.

Carados se douta bien que son amour le faisoit agir. Il dit au Roy qu'il le falloit surprendre, & que la chose seroit aisée puisqu'il ne s'en desioit pas.

Il alla la nuit même à la tour quand il crut que tout y étoit occupé par le plaisir de quelque fête, il entra sans bruit, & se coula secrettement avec des

des Contes. 177
Gardes, il se rendit maître de la personne de l'Enchanteur, & quand il fut pris, ses charmes n'eurent plus de vertu.

Isene la belle fut si effrayée d'abord, qu'elle n'eut pas la prudence de cacher sa passion & un long évanouïssement acheva de la trahir.

L'Enchanteur fut mené devant le Roy qui vouloit le faire mourir; mais Carados luy representa qu'il ne seroit pas assez puni, & qu'il falloit le tourmenter d'une peine ignominieuse.

Aprés avoir bien pensé, il s'avisa qu'il le falloit faire souffrir en son amour, & que rien ne seroit plus cruel pour lui, que de le condamner à la même destinée qu'avoit eu le Roy. On luy donna donc durant trois nuits differente une esclave en qui une sçavante Fée avoit mis la ressemblance d'Isene la belle. Il ne pouvoit se garantir de ce piege. Son sçavoir & son art lui devenoient inutiles étant sous le pouvoir d'autruy.

Il se consoloit dans ces cachots croyant avoir la

Reine auprés de luy. Il souffroit seulement des rigueurs qu'elle ressentoit, & dont il se croyoit la cause. Dans le tems qu'il lui disoit les choses les plus sensibles, les plus delicates & les plus passionnées, la Fée demasqua l'esclave. Elle parut avec ses traits naturels, il connut sa faute, & la tromperie qu'on lui avoit faite.

Rien ne peut être comparable à la douleur du Seigneur des Isles lointaines ; on le laissa ensuite aller sans luy faire promettre de ne voir plus Isene la belle, & par malheur on oublia ce point qui étoit le plus important.

On le laiſſa vivre afin de luy laiſſer une honte éternelle de ſon infidelité, il la ſentit bien & ſe tranſporta dans la Tour auprés d'Iſene la belle à qui on avoit ôté toute ſon aimable compagnie.

Il l'aborda, le tein pâle, les cheveux negligez, les yeux baiſſez, ſans avoir pour toute parole que des ſoûpirs preſſez qui ſortoient avec une expreſſion de douleur qui eût attendry une ame moins interessée en sa peine que celle d'Isene la belle.

Elle le regardoit tristement, & quand il fut revenu de sa confusion, il luy conta avec mille sanglots le supplice où l'on avoit soumis son amour. Isene en palit à son tour, & trop vivement offensée contre le cruel Carados. Est-il possible, s'écria-t-elle, que ce soit nôtre fils ! qu'il meure je ne le connois plus. Mais non, reprit-elle, qu'il souffre comme vous avez souffert.

Aprés cela ils se concerterent, & le lendemain la Reine envoya chercher Carados lui mandant qu'elle lui vouloit parler. Il se rendit auprés d'elle, il l'a trouva ses beaux cheveux épars, elle lui dit qu'elle ne croyoit pas qu'il vint sitôt, qu'elle s'alloit depêcher de se coëffer, mais qu'il ouvrit son armoire, & qu'il luy donnât un beau peigne d'yvoire qu'on lui avoit envoyé de Rome.

Carados voulut obeïr, il ouvrit l'armoire, mais à peine avançoit-il la main qu'une serpente le piqua au bras, & y fit trois tours avec son corps. La piqueure fut si douloureuse, que Carados poussant un furieux cri se laissa tomber à terre.

Les Gardes accoururent & l'emporterent au Palais. On fit venir tous les gens experts en chirurgie, on ne pût le guerir ni lui arracher du bras cette cruelle serpente.

Les nouvelles de cet accident parvinrent bientôt aux oreilles de tout le monde, & sur tout à la Cour du bon Roy, où tout le monde en eut de la douleur; mais rien ne fut comparable à celle de la belle Adelis qui partit incontinent avec le Roy Candor son frere pour aller voir son malheureux amant.

Elle se mit dans son chemin tandis que Carados souffroit des peines vehementes. Il étoit dans son lit, ou rien ne le soulageoit, il languissoit & deperissoit sous la rigueur de son mal.

Un soir qu'il étoit plus abbatu que de coûtume, voicy

des Contes. 185
voicy qu'on lui vint dire qu'il venoit d'arriver un messager de la part d'Adelis. Il se troubla à ces paroles, il commanda qu'on le fit entrer, & quand il fut auprés de luy il eut toûjours la tête tournée du côté du mur, afin qu'il ne le vit pas si défait & si changé.

Le messager lui dit qu'Adelis & le Roy Candor arriveroient le lendemain, il en parut satisfait & le congedia. Quand il se vit tout seul il se tourna vers son Page, & le pria d'aller bien fermer la porte par derrie-

Tome I. Q

re, aprés quoy il lui demanda s'il avoit bien de l'amitié pour lui, & s'il étoit prêt de la lui témoigner; le pauvre Page en pleurant lui protesta qu'il l'aimoit tant qu'il lui donneroit sa vie s'il en avoit besoin.

Carados parut un peu réjoüy à cette assurance, il se fit habiller comme il pût, lui commanda de prendre ses pierreries & les outils dont ils auroient besoin, cela fait ils descendirent tous deux dans le jardin, & firent un trou à la muraille qui donnoit dans une forest. Carados lui-même travailla de son bon bras.

Quand ils furent dans la forest, ils marcherent plus de trois jours sans se reconnoître, se nourrissant pauvrement de ce qu'ils trouvoient: Enfin ils apperçurent un hermitage qui étoit agreablement situé au bord d'un petit ruisseau avec un joly jardin plein de fruits & de legumes.

Un hermite blanc sortoit de la Chapelle. Carados l'aborda & luy conta son infortune, dont le pere avoit déja entendu parler, & le pria de le cacher, & de trouver bon qu'il passât avec lui les restes de sa douloureuse vie.

Le bon Hermite luy promit le secret, & fut acheter deux habits blancs pour Carados & pour son Page, & il fut si bien caché sous cet affublement, que jamais personne ne le connut: non pas même les gens que le Roy avoit envoïés aprés lui pour le chercher; & qui le virent & le prirent pour un Hermite.

Cependant le Roy Candor & sa sœur arrivent où ils croyoient trouver Carados, & dés aussitôt Adelis se fit mener à la Chambre où il demeuroit, on trouva la porte fermée, on heurta, & l'on dît qui c'étoit qui vouloit entrer : mais mot.

La belle Adelis surprise parla elle-même, ouvrez, ouvrez ami, disoit-elle, c'est vôtre Adelis qui est icy, mot encore : Enfin Candor impatient fit enfoncer la porte, & on ne trouva rien ni dans la chambre, ni dans le lit. Qui fut bien surprise ? ce fut la pauvre Adelis. Elle pleura, elle s'arracha les cheveux, & le Roy Candor voyant une douleur si vive jura de ne cesser point de courre le païs durant deux ans, jusqu'à ce qu'il eût trouvé son bon ami Carados, il s'en alla donc tout seul par le monde, il s'informoit par tout de tout ce qu'il cherchoit, & il n'en apprenoit point de nouvelles. Le tems qu'il avoit prescrit à sa quête s'écoula insensiblement, sa douleur luy étoit toûjours nouvelle, &

il revint plein de desespoir dans le Royaume du Roy qui passoit pour le pere de Carados.

Il sentoit quelque consolation de revoir sa sœur, & il étoit un jour dans une forest, où trouvant un ruisseau agreable il descendit de cheval pour se reposer, & pour éviter les grandes chaleurs.

Il marcha quelque tems pour trouver un lieu cómode, & il en avoit rencontré un tres agreable quand il entendit le son d'une voix triste qui se plaignoit amérement, il s'arrêta & fut étrangement surpris de connoître par les paroles qu'on proferoit que c'étoit Carados lui-même qui se plaignoit.

Sa joye étoit si grande qu'il doutoit encore s'il ne se trompoit pas, mais s'avançant doucement, il vit un homme vétu de blanc couché sur le bord de l'eau, & il auroit crû à la figure de son habit que c'étoit un Hermite, s'il n'eût pas remarqué le bras à la serpente hors de la grande manche.

A cette vûë le Roy Candor fit un grand cri, & se jetta tout éperdu au col de son ami.

Jamais confusion ne fut égale à celle de Carados de se voir ainsi découvert. Il pleura de honte & de tendresse. Candor l'embrassa mille fois sans pouvoir parler. Les grandes joyes sont muettes. Enfin la parole leur vint à tous deux, & ils s'expliquerent comme font deux amis qui s'aiment sincerement.

Aprés bien des reproches legitimes du côté de

Candor, & de mauvaises excuses de la part de Carados : Candor obtint de lui qu'il l'attendroit là sans s'enfuyr comme il avoit déja fait, & il lui promit qu'il seroit de retour avant six jours.

Aprés avoir pris ces assurances le bon Roy Candor quitta son ami, & fut à toute hâte chez le Roy, à qui sans rien dire autre chose il lui demanda la permission d'aller voir Isene la belle.

Quand il l'eut il monta à la Tour, & fit à Isene une

peinture touchante de l'état malheureux où il avoit trouvé Carados, & la conjura par les tendresses du sang d'oublier les offenses qu'il lui avoit faites, & de le vouloir guerir ; & comme il vouloit reüssir à toucher & à persuader la Reine, il la conjura même par le Seigneur des Isles lointaines de lui accorder ce qu'il lui demandoit.

Isene la belle avoit eu le tems d'adoucir sa colere, elle repondit au Roy Candor qu'elle voudroit guerir son fils, mais que le seul remede qu'on y avoit mis, lui paroiſſoit impoſſible ; puiſqu'il falloit trouver une pucelle qui fut auſſi conſtante que belle, qui voulut ſouffrir pour Carados. Aprés cela Iſene lui dit la ceremonie du reſte du remede.

Candor réva un peu & ayant remercié la Reine il la quitta, & fut trouver la belle & triſte Adelis, elle fut tranſportée de joye de revoir ſon frere, elle luy demanda s'il n'avoit point eu de nouvelles de Carados ? il lui repondit qu'il l'avoit trouvé, mais dans le plus pitoyable état du monde, & enfin qu'il y avoit aussi un remede, mais difficile pour le guerir : elle voulut sçavoir avec empressement dequoi il étoit question.

Ma sœur, lui dit-il, il faut trouver une pucelle qui ait autant de fidelité que de beauté, qui veüille souffrir pour lui. Ha ! dit-elle, pucelle suis, je suis fidéle, mais de beauté je ne sçai s'il y en aura à suffisance: n'importe, continua-t-elle, éprouvons ce qui est en moy.

Alors ils donnerent tous les ordres necessaires pour faire porter ce qu'il falloit à l'Hermitage, & le frere & la sœur s'y acheminerent.

Quand la belle Adelis fut devant son amant, il baissa la tête & se couvrit le visage pour cacher son horrible changement, il étoit tel que l'œil d'une amante le pouvoit méconnoître, si ce cas pouvoit arriver. D'aussi loin qu'elle le vit, elle courut l'embrasser & elle fut si saisie, qu'on crut qu'elle en mourroit.

Enfin, on dit à Carados en partie de quoy il s'agissoit: car s'il eût sçû le peril où Adelis s'exposoit, il l'aimoit trop pour y avoir jamais consenti.

On fit porter deux grandes cuves; l'une pleine de vinaigre; & l'autre pleine de lait, qu'on mit à trois pieds l'une de l'autre. Carados se devoit mettre dans celle de vinaigre, & Adelis dans celle de lait. La Princesse se hâta elle-même de deshabiller Carados (cet employ lui étoit bien doux) & quand il fut dans la cuve, elle se mit promptement dans l'autre. La serpente, qui étoit au bras de Carados, & qui haïssoit le vinaigre, devoit se detacher de son bras, & sauter dans la cuve de lait qu'elle aimoit fort, & devoit s'attacher au sein d'Adelis.

Le Roy Candor étoit au milieu des deux cuves, son épée en l'air pour fraper la serpente dans le tems qu'elle s'élanceroit.

La fidelle Adelis avoit le bout du sein hors de la cuve, & appelloit tendrement la serpente, & voyant qu'elle ne venoit pas assez tôt selon ses desirs, elle se mit à chanter ces paroles d'une voix charmante.

Serpente avise mes mammelles,
Qui sont tant tendrettes & belles.
Serpente avise ma poitrine,
Qui plus blanche est que fleur d'épine.

A cet aimable chant la serpente ne fit qu'un bond pour s'élancer dans la cuve de la Princesse, & se prit au bout de son sein. Le Roy Candor ne fut ni assez prompt ni assez adroit, & croyant couper en deux la serpente il emporta avec sa tête le bout du sein de sa sœur : la serpente mourut; mais Adelis fut en grand danger, son sang eut bientôt changé le lait en une pourpre vermeil, elle s'évanoüit, & le bon Hermite qui connoissoit la vertu des simples en eut bientôt mis sur sa blessure qui étancherent son sang, & peu aprés elle fut guerie.

Carados étoit si touché à ce spectacle, qu'il ne sentoit pas la joye de son soulagement (tout veritable amant doit être de même) il faisoit des cris horribles dans sa cuve, mais on ne l'écoutoit pas, & par l'ordre du Roy Candor, on le mit dans un bain comme l'avoit ordonné Isene la belle. Il en sortit plus beau qu'il n'avoit jamais été : en un mot le plus charmant de tous les hommes & le plus desirable pour amant.

En cet état il s'alla presenter à Adelis qui ne pouvoit assez remercier la bonne fortune qui avoit delivré Carados d'un mal si terrible, il y avoit même dans cette guerison des circonstances qui étoient d'un prix & d'un goût infini pour Carados (peu de Dames auroient les qualitez requises pour finir un tel mal.)

La joye étoit grande, & elle fut bientôt répanduë jusques dans la Cour du bon Roy qui s'appareilla pour venir à la solennité du mariage de Carados & d'Adelis.

Dés que Carados fut arrivé chez le Roy qu'il aimoit comme son pere, il demanda la liberté de sa mere, elle luy fut accordée, il vola plein de joye à la Tour, se jetta à ses pieds, lui demanda pardon, & la mena au Roy qui la trouva si charmante, qu'il resolut de se remarier avec elle, mais il n'en eut que la volonté, sa mort subite lui en ôta le pouvoir.

Carados fut couronné & le bon Roy étant arrivé

avec la Reine, on fit le mariage de Carados & d'Adelis, ce ne furent que magnificence, que jeux, que fêtes. Isene la belle y étoit si belle, qu'on doutoit qui remporteroit l'avantage d'elle ou d'Adelis.

Un inconnu eut tous les prix, & charma toute la Cour par sa bonne mine, il avoit un bouclier d'or, & s'avançant vers le bon Roy & le Roy Carados, il leur dit que la boucle de son bouclier avoit une telle vertu qu'elle remettoit tout ce qui manquoit, & que s'il plaisoit à Adelis d'en faire l'épreuve, il lui remettroit le bout du sein. Elle eut quelque peine à s'y resoudre par modestie; mais Carados lui ayant défait les agrafes de sa robe, elle fit paroître le plus beau sein du monde. L'inconnu en approche, la boucle de son bouclier, qui s'y prit tout aussitôt, & voila un joly bout d'or qui se fait au sein de la Reine, & l'on l'appella depuis la Reine au bout du téton d'or.

Cette inconnu se fit reconnoître pour le Seigneur des Isles lointaines, pere de Carados, on lui fit grande fête. Il demanda Isene la belle pour femme, on la lui accorda, il étoit bien juste de recompenser une si longue amour, si ardente & si fidéle. Ces quatre époux vécurent dans un bonheur perpetuel.

Par differens chemins on arrive
  au bonheur,
Le vice nous y mène aussi bien
  que l'honneur;

Témoin

Témoin ce que l'on voit en Isene la belle,
>> Aprés des tourmens merités,
Elle eut mille prosperités.
Et la sage Adelis si tendre & si fidéle.
Long-tems persecutée à tort,
Joüit enfin d'un pareil sort,
Aveugle Deïté fortune trop cruelle,
Accordés mieux tout ce qui vient de vous,
Accablés les méchans d'une peine éternelle,
Donnés aux vertueux le bon-heur le plus doux.

Tourbillon.

TOURBILLON.

CONTE.

AU tems jadis il y eut un Roy dans le païs d'Armenie qui se trouvant veuf, & ayant perdu une belle Princesse qu'il aimoit tendrement, prit une espece d'aversion pour toutes les autres femmes, & refusa tous les partis qu'on lui presenta.

Uliciane Reine du Promontoire merveilleux, celebre par sa beauté, & plus encore par sa science, tenta plusieurs efforts inutiles pour obliger ce Roy à l'épouser. Elle descendoit en droite ligne d'Ulisse & de Circé, & le sçavoir de cette fameuse Fée étoit venu jusqu'à elle de mere en mere.

Elle avoit ses raisons pour souhaiter d'épouser le Roy d'Armenie ; elle avoit connu par ses livres qu'une petite fille qu'il avoit feroit tout le malheur de sa vie, & l'empêcheroit d'être aimée de l'homme du monde qu'elle aimoit le plus. Cette connoissance l'obligea à mettre tout en œuvre pour venir à ses fins, elle ne vouloit être Reine d'Armenie que pour avoir entre ses mains Pretintin, c'est ainsi que s'appelloit la petite Princesse, & Uliciane sçavoit que si elle la faisoit mourir avant que cette enfant eût atteint sa quatriéme année, rien ne troubleroit la felicité de sa passion amoureuse.

Est-il rien d'impossible à une Fée, ou plûtôt à une femme qui aime?

Uliciane le trouva un jour dans une forêt où le Roy chassoit; elle avoit un train magnifique, ses pavillons étoient dressez; ils brilloient d'un éclat extraordinaire. Le Roy fut fort surpris d'une telle rencontre, il sçavoit trop l'usage de la civilité pour ne pas aborder cette Princesse, il la trouva belle, mais il fut insensible jusqu'au premier morceau qu'il mangea; elle le pria de s'arrêter quelque momens dans ses tentes, elle lui fit un repas delicieux, & ce pauvre Prince se trouva pris & si charmé d'Uliciane qu'il lui proposa de l'épouser sans attendre plus longtems : elle ne se fit point prier comme l'on peut croire, & jamais nôces de cette importance ne se firent avec moins de ceremonie.

Il ne fut pas difficile à Uliciane de conserver l'Empire qu'elle avoit sur l'esprit du Roy, elle caressa fort la petite Pretintin qui étoit passionnement aimée de son pere, aussi étoit-elle la plus aimable creature qu'on pouvoit voir.

Tous les dons de beauté étoient répandus sur sa personne.

Elle approchoit de ses quatre ans, c'étoit le terme prescrit par les destinées, & si elle le passoit il devoit être fatal à l'amour d'Uliciane; quand cette Fée se confia à son favori, qui étoit le ministre de toutes ses volontez: il se nommoit Arrogant, elle lui donna la petite Princesse celle d'Armenie, & lui commanda de lui attacher une pierre au col & de la noyer, apprehendant que s'il la faisoit mourir d'une autre maniere, on n'eût quelque marque de son trepas.

Arrogant se chargea volontiers d'une si cruelle commission, il prit Pretintin, & la mena prés d'un fleuve. Il la posa à terre pour chercher un caillou, & les caresses charmantes qu'elle lui faisoit n'adoucirent point un naturel si sanguinaire.

Tome I. T

A peine fut-elle sur le bord de l'eau qu'il s'éleva une espece d'orage avec un grand Tourbillon, & quand Arrogant voulut prendre Pertintin pour la noyer, il ne la trouva plus & la chercha inutilement.

Il se flatta que le vent l'auroit jettée dans le fleuve, & que le courant de l'eau l'auroit emportée.

Il retourna vers Uliciane, & lui dit qu'il avoit executé ses ordres.

Cependant la petite Pretintin se trouva dans un Palais superbe où elle fut élevée jusqu'à l'âge de huit ans; mais Uliciane voyant qu'elle n'avançoit gueres dans le bonheur de ses amours, son amant ne l'ayât aimée que peu de tems, fut épouvantée de voir que la certitude de son art lui manquoit pour la premiere fois de sa vie, son bonheur devant être fondé sur la mort de Pretintin.

Elle fut tres agitée d'un mécompte si étonnant, elle consulta de nouveau ses livres, & sentant son malheur sans le comprendre, elle étudia tant & si bien, qu'elle vit clairement qu'il falloit que Pretintin ne fût pas morte; elle fit revenir Arrogant, & sans l'intimider elle voulut en tirer la verité par douceur.

Il lui avoüa tout, & lui conta comme la chose s'étoit passée ne sçachant ce qu'étoit devenuë Pretintin, cet aveu lui suffit, & étant allé trouver le docte Prothée, elle sçût que la Princesse d'Armenie étoit au pouvoir de son amant, mais qu'elle ne la pourroit ôter de son Palais, que par le moyen du plus beau garçon du monde, où le trouver? voila ce qui l'inquietoit, elle se mit en campagne, & pria quelqu'une de ses amies qui possedoit les dons de féerie d'en faire de même.

Tant fut couru qu'elle sçût qu'il y avoit en France le plus beau Prince qui eût jamais été. C'étoit peu que la beauté, quoy qu'elle fût charmante ; il devoit encore par mille & mille perfections se rendre un jour la merveille du monde.

Uliciane se transporte à

Paris, va jusqu'au lit Roïal ravir ce beau Prince endormi. Il avoit dix ans, elle le porte prés du Palais qui renfermoit l'aimable Pretintin. La Fée répandit dans toute son enceinte du jus de pavot hors dans la chambre de la Princesse. Elle avoit accoûtumé de ne faire qu'un somme, & pour la premiere fois de sa vie elle s'éveilla aussitôt que le jour parut.

Inquiete elle sauta en bas de son lit, elle va dans tout le Palais où tout étoit paisible, elle en sort; les portes en étoient ouvertes, & il n'y avoit point de Gardes. Elle court comme une petite insensée, & ne s'arrêta que par la rencontre qu'elle fit d'un jeune Prince aussi beau qu'elle. Ils se regarderent avec une joye brillante dans les yeux, & se tendant les bras comme s'ils se fussent connus, ils s'embrasserent & sembloient déja avec leurs petits bras former une chaîne qui devoit les attacher ensemble pour toute leur vie.

Aprés de longues caresses ces aimables enfans, se promenerent au bord de la mer; & apperçevant une barque peinte de toutes couleurs, ils la trouverent si jolie, que se tenant tous deux par la main ils sauterent dedans.

A peine ce leger fardeau fut-il dans la petite barque qu'elle partit avec grande vitesse, & eut bientôt gagné les côtes d'Armenie; le Roy & la Reine étoient sur le Port, & reçurent ces aimables Princes: la Reine s'étoit fait un merite auprés de son mary de la delivrance de la petite Princesse, & comme il avoit été au desespoir de sa perte, il étoit ravi de la retrouver: il croyoit ne la devoir qu'à l'affection d'Uliciane qui l'avoit recouvrée, par son grand sçavoir; aussi la luy confia-t-il, elle luy fit accroire qu'un nouveau malheur menaçoit Pretintin, s'il ne lui en laissoit pas la garde.

La Reine avoit fait faire un Palais qui n'étoit séparé du sien que par un jardin, ce fut la qu'elle renferma Pretintin, qu'elle haïssoit à mort par l'indifférence que son amant avoit pris pour elle : elle resolut de l'en punir par tous les supplices imaginables, & pour les mieux faire sentir, elle fut bien-aise de voir allumer une vive flamme dans les cœurs innocens de Pretintin & du beau Nirée, le petit Prince s'appelloit ainsi.

Il y avoit dans ces jeunes cœurs une préparation fatale pour ce que desiroit la Fée. Un fond de tendresse infinie en faisoit les caracteres, elle voulut affliger Pretintin en la personne de son petit amant, & fut ravie qu'ils s'aimassent éperduëment pour les faire ensuite souffrir davantage.

Elle mit le beau Nirée sous la charge d'Arrogant son favori, & une fois tous les jours il voyoit la Princesse d'Armenie, parce qu'elle sçavoit bien que se voir & s'aimer étoit pour eux la même chose, & qu'elle vouloit qu'ils se vissent, afin qu'ils s'aimassent mieux.

Cette maniere de faire

dura jusqu'à ce que Pretintin eût quinze ans, & le Prince dix-sept, & ils s'aimerent tant, qu'on ne pouvoit pas aimer plus.

Le Roy s'ennuyoit fort de voir aussi peu souvent sa fille, elle ne paroissoit que les jours de fêtes, & aux plaisirs d'éclat ; bien des Rois la demanderent pour femme, mais on les refusa toûjours. La Reine amusoit le Roy, elle lui disoit que le destin de sa Couronne étoit attaché à celui de sa fille, elle lui faisoit ainsi cent contes à dormir de bout.

Une fois que le beau Nirée vint chez la jeune Pretintin, elle le vit triste & connut qu'il avoit pleuré; les traces de ses larmes étoient encore sur ses belles joües semblables à la rosée qu'on voit le matin sur les fleurs.

Qu'avez-vous? lui dit-elle avec un empressement naturel, que vous est-il arrivé? ne seriez-vous pas heureux chez mon pere? & vous manque-t-il quelque chose? je vous vois, lui répondit-il, & je suis heureux tant que je vous vois,

& comment êtes-vous quand vous ne me voyez pas, reprit-elle? jusqu'icy lui dit-il, je pensois à vous quand je ne vous voyois pas, & j'étois toûjours content en y pensant; mais depuis quelques jours Arrogant me fait tous les soirs aller dans un lieu qu'on appelle l'Isle funeste: j'y trouve un monstre à combattre, je le vainc, on ne m'étonne point par ces travaux; j'occupe ma valeur aprés cela; on rend ma vie miserable par mille indignitez que j'aurois

des Contes. 231

honte de vous dire ; mais le plus grand de tous mes maux, c'est qu'on me menace que je ne vous verray plus. Ce dernier mot fut coupé par des sanglots ; Nirée se mit à pleurer, & Pretintin ne pût s'empêcher de répandre des larmes.

Elle l'assûra fort qu'elle parleroit au Roy & à la Reine, & qu'elle les prieroit de ne les point separer ; mais le lendemain son desespoir fut extrême, quand elle ne vit point de tout le jour le beau Nirée.

Ah! dit-elle, c'en est fait je ne le verray plus.

Elle ne voulut point souper, & congediant toutes ses filles, elle commanda qu'on la laissât seule ne faisant que s'affliger, & pensant comme elle pourroit faire pour avoir des nouvelles de Nirée; elle n'avoit pû voir le Roy, & la Reine l'avoit grondée du soin qu'elle avoit marqué.

Que faire donc? elle pensoit & repensoit lorsqu'elle entendit un vent impetueux; toutes les fenê-
tres

tres de son appartement en tremblerent, & celles de sa chambre s'ouvrirent. Elle fut effrayée & pensa crier, quand elle vit entrer un fort beau jeune homme. Il étoit grand, d'une taille surprenante, il avoit dans les yeux une activité éblouïssante, l'action vive ; je viens vous offrir mes services, belle Princesse, luy dit-il, ce ne sont pas les premiers que je vous ay rendus, me reconnoissez-vous? non, luy dit-elle, je ne sçay qui vous êtes, & quand je vous aurois vû, je ne me souviens que de Nirée, à quoy cela vous peut-il servir, reprit-elle? à vous aimer, repliqua-t-il, sans se chagriner autrement. Ne sçavez-vous pas, poursuivit-il, qu'aimer est le premier plaisir, je vous vis l'autre jour dans une place publique, je vous vis belle, & vous me plûtes si fort, que bien que je sois naturellement volage, je crus que je vous aimerois long-tems : vous me paroissez singulier dans vos expressions, dit-elle, en l'interrompant, ne puis-je çavoir qui vous êtes? je vais vous satisfaire, reprit-il.

Je suis Tourbillon d'une nature presque divine. Mon pere est Zephir, je ne suis pas né de Flore, je sors d'un mariage clandestin que mon pere fit avec une des filles d'honneur de la Princesse Felicité ; ne prenez pas garde à ce défaut de ma naissance, je n'en suis pas moins fils d'un Dieu.

Mon pere me donna l'empire des airs comme il l'a, & me voyant leger

& impetueux dans mes mouvemens, il accommoda ma fortune à mon humeur; ma domination me suit en tous lieux, mon Palais est fort beau, je l'emporte toûjours avec moy, & mes Sujets que le vulgaire nomme des Atomes & des petits Corps, gouvernent les cœurs des hommes, & lient leurs inclinations; ne vous étonnez donc pas si ayant un peuple si galand, je suis d'un naturel si amoureux.

Vous ne sçauriez croire quelle commodité c'est

que de porter ainsi sa maison & tout son équipage avec soy. Je change de climats suivant les saisons, & je suis dans un printems continuel; tantôt au sommet des montagnes, tantôt dans les plaines: je pose mon Palais dans les forêts au bord de la mer quand la fantaisie m'en prend: je cours d'un bout du pole à l'autre, j'habite une fois les Indes, je vais en Asie, je revole en Europe, & toûjours faisant de nouvelles amours je ne m'arrête qu'autant de tems qu'elles durent ; & c'est bien peu.

Mont état, mon Palais, & mes Sujets sont invisibles aux mortels autant qu'il me plaît. Ce qu'on appelle un épais Tourbillon envelope tout mon empire ; c'est de là que j'ay pris mon nom, & quand on en voit, c'est que je les transporte d'un lieu à un autre.

Je ne parois qu'avec éclat ; mon abord est peu secret, j'aime le bruit, & qui m'ôteroit le tintamare qui m'accompagne m'ôteroit aussi la vie ; je vais & je viens incessamment. La beauté m'attire; les belles aiment les gens de mon caractere ; j'ay aussi plusieurs enfans qui ont toutes mes mauvaises qualitez, & qui n'ont point les bonnes ; car si je suis volage pour mes maîtresses, je ne suis pas de même pour mes amis, je les aime avec attache, & n'ay rien qui ne soit en leur pouvoir ; je les sers avec une vivacité extrême, ces sortes de cœurs sont rares, j'ay déja pris soin de vous, &

c'est moy qui vous ay dérobée à la fureur d'Uliciane.

Alors Tourbillon luy fit le recit que j'ay déja fait, & la Princesse Pretintin épouvantée de la fureur de sa belle-mere parut reconnoissante des obligations qu'elle avoit au fils de Zephir.

La Reine vous aime donc, continua-t-elle, & vous ne l'aimez plus? non reprit le Prince de l'Air, aprés des faveurs peu desirées & trop tôt obtenuës je l'abandonnay; mais si

vous

vous le voulez je pense que je vous aimeray constamment.

Ah! je vous prie ne parlons point d'amour, repliqua Pretintin, je ne veux point du vôtre, celuy de Nirée fait tout le charme de ma vie, soyez mon ami solide, vous pouvez me servir encore contre les mauvais desseins d'Uliciane, mais comment pourray-je vous appeller à mon secours, puisqu'on ne sçait jamais où vous êtes? voila, luy dit-il, une trompette parlante, quand je serois au bout du monde, appellez-moy, je viendray; mais ne vous en servez qu'au besoin, continua-t'il ; car quoy que cette trompette n'ait qu'un demi-pied de long, le son qui en sort est si terrible que les peuples effrayez tomberoient d'épouvante à l'entendre; le cor d'Astolphe n'étoit qu'un faucet au prix, mais si vous le voulez, belle Pretintin, je demeureray auprés de vous, je vous garderay le jour & la nuit, j'ay un secret de me rendre invisible; invisible, s'écria-t-elle, eh comment ? en mettant mon petit doigt dans ma bouche, reprit-il, & vous l'allez connoître, il disparut en disant cela; & Pretintin s'effrayoit quand il eut l'audace de prendre un baiser, dont elle fut extrémement irritée ; elle fuyoit sans sçavoir où. Vous êtes bien hardy, luy dit-elle, laissez-moy: & tendant les mains, elle sentit qu'elle le touchoit, reprenez vôtre figure, continua-t-elle, allez vous-en, que je ne vous voye jamais, je ne veux plus de vos services ; Nirée & moy seront malheureux je le vois bien : non, ma belle Princesse, reprit-il en se montrant. Je viens de faire ma derniere fonction d'amant auprés de vous, & puisque vous ne le voulez pas, je ne seray que vôtre amy, & celuy de Nirée, vous verrez que je puis vous faire de sensibles plaisirs, je vous quitte, & je vais trouver une des femmes du Mogol avec qui j'ay un rendez-vous à minuit sonnant.

Je compte donc sur

vôtre amitié, luy dit Pretintin, & je ne suis plus fâchée; mais ne sçauriez-vous me dire où est Nirée, & ce qu'il fait; je l'ignore, reprit Tourbillon, demain en ouvrant vôtre fenêtre vous en sçaurez des nouvelles, adieu je vous donne le bon soir.

Pretintin le vit partir avec quelque esperance qu'il opposeroit son pouvoir à celuy d'Uliciane, & qu'il pourroit la secourir: elle se coucha un peu plus tranquille, elle dormit mieux qu'elle ne le devoit faire, & le matin quand elle fut éveillée, elle courut à sa fenêtre & l'ouvrit: elle fut fort étonnée de n'y voir que trois boulles de neige avec une goutte de sang sur chacune, elle fremit, & les considerant de plus prés, elle vit dans la goutte de sang qui étoit sur la premiere, l'Isle funeste telle que Nirée la luy avoit dépeinte, elle le vit combattre contre un dragon aîlé qu'il tua: dans la seconde elle vit le cruel Arrogant qui le livroit entre les mains d'Uliciane,

& qui le jettoit dans de profondes tenebres,& dans la troisiéme le sang s'épanchant forma distinctement ces lettres. Vous l'avez perdu pour un an, aucun secours ne peut vous le rendre, patientez.

La pauvre Princesse s'évanoüit à cette lecture, & aprés être revenuë à elle, elle pleura long-tems, & puis elle ne pleura plus, & se resolut tout doucement à suivre le conseil qu'on luy donnoit, ce qui fit enrager la Fée quand elle la vit si tranquille.

Il étoit vray qu'Ulicia-ne avoit tiré le beau Ni-rée de l'Isle funeste, non pas pour un an, mais croyant le perdre pour toûjours, & c'étoit son dessein, elle le mena fort loin, & s'ar-rêtant entre des grandes montagnes, elle luy mon-tra deux chemins, c'est icy, luy dit-elle, où nous devons nous separer; choi-sissez de ces chemins; l'un mene dans le chemin de la nuit, & si vous le pre-nez, il faut remettre entre mes mains l'oreiller de Morphée ; l'autre route

des Contes. 249

est la carriere du jour, si vous la suivez, vous m'apporterez un poil de la paupiere de l'œil du monde.

Le jeune Nirée sourit amerement au commandement de la Fée; demandez plûtôt ma mort, Madame, luy dit-il, & donnez-la moy sans tant de façon & sans vous amuser à me commander des choses impossibles; quel chemin voulez-vous que je prenne? celuy que vous voudrez, reprit-elle, &, tirant une piece d'or, voyons à croix pille, tout étoit indifferent à Nirée, le chemin de la nuit luy échût.

Uliciane luy posa la main sur la tête, & incontinent il se trouva dans l'obscurité, il marcha toûjours, & la nuit étoit perpetuelle, il avoit beau se reposer & dormir, à son reveil il ne voyoit pas la lumiere, il eut faim, & crut bien qu'il étoit perdu, il se resolut en amant fidéle à donner toutes ses pensées à Pretintin en attendant son dernier moment.

Il n'étoit pas pourtant si occupé de sa passion qu'il ne s'apperçût d'une petite clarté, & quand elle fut prés de luy il vit qu'elle provenoit d'une bougie que tenoit à la main un petit garçon plus agreable que Ganimede: c'étoit un marmiton pourtant, on voit quelquefois des Princes plus vilains qu'un marmiton, celuy-cy étoit plus joly qu'un Prince, il avoit une longue souquenille d'un tissu or & bleu, une serviette bien propre de petite Venise qui étoit devant luy, & qui faisoit deux nœuds par derriere : il avoit un bonnet rouge sur sa tête & audessus de l'oreille des plumes de faisan, une cuilliere d'or étoit penduë à sa ceinture, & à sa main il tenoit une marmite de même métail ; il s'arrêta auprés de Nirée, & luy fit prendre un peu de boüillon qui le restaura merveilleusement & l'assura qu'il le verroit toutes les vingt-quatre heures.

Nirée le voulut questionner ; mais soit que le

petit garçon n'aimât pas la conversation, où qu'il s'ennuiât dans le chemin horrible, il le quitta, & le Prince recommença sa course.

Il comptoit les jours par les visites du petit marmiton, & ce fut avec une grande joye qu'il se vit au bout de l'an.

Il arriva enfin dans une grande maison obscure encore, mais éclairée par quelques lampes, rien ne luy parut plus vaste que cette demeure, dans les premiers appartemens, il luy apparut des choses si bizarres, & qui changeoient & rechangeoient si promptement, qu'il reconnut que c'étoit les songes, il en vit de toutes les façons, & allant toûjours, il se trouva dans la chambre des amoureux, il y reconnut sa figure, & il eut le plaisir d'entendre des discours fort passionnez qu'il tenoit à Pretintin; il en loüa la destinée & ce fut une grande consolation pour luy, de penser que sa maîtresse faisoit des songes qui luy étoient si favorables.

Il s'arrêtoit agreablement dans ce lieu là; mais quelle surprise pour luy quand il vit Pretintin si belle qu'il ne l'avoit jamais vûë plus charmante; elle luy tendoit la main; & il courut à elle tout transporté, & comme il croyoit luy embrasser les genoux, il ne trouva que l'air, elle disparut.

Il la chercha long-tems & fut dans plusieurs appartemens, où il vit des choses plus extravagantes les unes que les autres ; enfin il entra dans une chambre tres-agreable, & il apperçut sur un lit un homme profondement endormy, dont la phisionomie étoit douce & paisible.

Il connut que c'étoit Morphée que les plus malheureux invoquent & appellent à leur secours, & qui suspend la rigueur des plus grands maux, sa couverture étoit faite de peaux de Marmottes, il avoit un oreiller de duvet de colombes.

Le jeune Nirée prît cet oreiller

oreiller comme la Fée Uliciane luy avoit ordonné, & passa outre; enfin il se trouva hors de cette grande maison, & voulant poursuivre son chemin dans les tenebres, il fut arrêté par quelque legere resistance, il l'affranchit, & appercevant les premieres clartez du jour, il remarqua un grand voile imperceptible qui séparoit la nuit d'avec le jour, & qu'il avoit heureusement passé ce leger intervalle.

Il fut tout réjoüi de revoir la lumiere, & elle

grandissoit à mesure qu'il alloit, il salüa l'aurore, il en eut les premiers regards, elle le considera avec plaisir, & le crût aussi beau que Cephale.

Un peu aprés Nirée se trouva au lever du soleil, il le vit sortir du sein de Thetis, & il ne comprenoit pas qu'il pût se resoudre à quitter une si belle femme, mais enfin aprés s'être magnifiquement habillé, & avoir chargé sa tête de ses brillans rayons, il monta sur son char pour faire sa longue promenade.

des Contes. 259

Nirée fuivit quelque tems le bord de la mer, & ne fçavoit que devenir, se voyant au bout de l'Orient, quand tout à coup il crût que le vent s'élevoit, & qu'un furieux Tourbillon paſſoit ſur ſa tête : mais l'air s'étant rendu calme dans un moment, il vit devant luy un fort beau jeune homme, c'étoit Tourbillon qui l'abordant avec un air ſouriant luy demanda des nouvelles de ſon pelerinage, il luy apprit que c'étoit luy qui luy avoit envoyé ce joly Marmiton, qui l'avoit empêché de mourir de faim, & qu'Uliciane étant persuadée qu'il étoit mort, ne pensoit plus du tout à luy.

Nirée dont le naturel étoit fort beau, le remercia, & s'informa de son origine.

Tourbillon satisfit sa curiosité, & le faisant entrer dans son Palais, ils eurent le tems de s'entretenir & de devenir amis.

Tourbillon le divertit fort par le recit de ses avantures galantes, & de la variété qu'il y avoit dans ses amours, que sa grande legereté rendoit passageres, & peu durables. Nirée luy plût fort, & ils se lierent d'une bonne amitié ensemble, il luy apprit tout ce qui s'étoit passé autrefois entre la Reine d'Armenie & luy, & que le malheureux attachement, dont il étoit l'objet, l'obligeoit à tourmenter Pretintin, parce qu'il l'avoit un peu aimée, qu'elle avoit juré de ne luy pardonner jamais ; qu'Uliciane sçavoit bien qu'il en pouvoit souftraire un des deux à sa fureur ; mais qu'elle avoit si bien disposé la puissance de son art, qu'il ne sçauroit les sauver tous deux, si on ne luy ôtoit sa ceinture qui étoit de metaux coûtellez, & qu'elle avoit entre sa peau & sa chemimise ; que tous ses charmes y étoient attachez, & qu'a moins qu'on la lui prît l'un des deux seroit toûjours miserable.

Le beau Nirée soupira & craignit que dans ce moment la cruelle Fée ne fît quelque mal à Pretintin, il conjura son cher Tourbillon de voler à son secours, elle ne doit pas souffrir, lui repondit-il, je lui ay donné une petite trompette, avec laquelle elle m'appelleroit si elle avoit besoin de moy ; mais je vous entens, vous la voulez voir, vous avez raison, & on la punit assez par vôtre absence.

Tourbillon s'éleva en l'air avec impetuosité, & partit rapidement, il posa son Palais au bout du jardin du Roy, & tout prés de celuy où l'on retenoit la Princesse.

Il abbatit d'abord un pan de muraille, & fit faire promptement une porte qui donnoit de l'appartement de Nirée dans celuy de Pretintin. La jeune Princesse dormoit quand ses deux amis entrerent dans sa chambre, c'étoit l'esté, il faisoit chaud, les rideaux de son lit étoient relevez, elle avoit un bras passé sur sa tête, & son autre main sembloit retenir par modestie le linge qui la couvroit.

Une bougie prés de son lit faisoit voir son charmant

mant visage, Nirée se jetta à genoux d'un côté du lit, & Tourbillon passa de l'autre; Nirée respectueux & tendre la consideroit paisiblement sans en oser presque approcher. Tourbillon emporté & peu circonspect prit sa main avec sa liberté ordinaire la baisa & l'éveilla en sursaut.

Sa surprise la fit tressaillir, elle ne vit en ouvrant les yeux que Nirée plus beau que le fils de Venus, elle luy tendit la main en rougissant & tournant la tête, elle apperçut Tourbillon qui promt en toute chose luy conta dans un moment tout ce qui étoit arrivé à Nirée.

Elle remercia le Prince de l'air de tant d'obligations, elle entendit avec plaisir tout ce que son amant luy voulut dire, & y répondit comme il le souhaitoit.

Tourbillon qui ne demeuroit guere long-temps en même endroit luy dit qu'il se disposoit à partir bien-tôt qu'il luy laisseroit Nirée, & qu'elle le cachât parmy ses filles.

Pretintin ne pouvoit y consentir par bienseance; eh bien! luy dit brusquement Tourbillon qui vouloit favoriser son amy, il faut donc que je le remette dans l'Isle funeste, ou que je le remene dans le chemin de la nuit.

Eh quoy! luy répondit tendrement Pretintin, n'y a-t-il pour moy que ces deux extremitez? Tourbillon sourioit déja & alloit proposer un plus doux expedient, quand il remarqua que Pretintin étoit toute épouvantée de voir arriver Uliciane dans sa Chambre.

Je ne vous trouve pas mal accompagnée luy dit-elle, & vous passez vos nuits bien agreablement: sa fureur étoit extréme, Tourbillon luy jetta un coup d'œil impetueux, & la railla sur ses nuits qu'elle voudroit avoir semblables, ce n'est pas le tems de rire luy disoit tout bas Pretintin plus morte que vive, nous sommes perdus.

Mais Tourbillon continuant dans une vivacité

excessive ne fit qu'irriter davantage l'amoureuse Fée; le beau Nirée le conjuroit vainement de l'adoucir par quelque legere satisfaction. Tourbillon se mocquoit, & par des traits piquans il la desesperoit, & ne pouvoit se contraindre. Il sortit enfin en emmenant Nirée, & disant à Pretintin qu'elle sçavoit bien le moyen de le rappeller quand il en seroit tems.

Uliciane à ce dèpart inopiné perdit toute patience; elle alla trouver le

Roy, luy fit un monstre de la conduite de sa fille, luy faisant craindre qu'on ne l'enlevât encore, & qu'ainsi il ne perdît sa couronne, comme elle luy avoit predit.

Le Roy épouvanté luy dit de faire de Pretintin ce qu'elle voudroit. Se voyant absoluë elle la conduisit dans l'Isle funeste, & la mit sous le gouvernement d'Arrogant.

Quel sejour pour une si belle Princéffe, si delicate & si propre de se voir dans un lieu horrible. On la mit dans le creux d'un arbre qui étoit au milieu de l'Isle ; on luy donna quelques racines, & quelques dattes pour son souper. Tous les oiseaux de mauvais augure étoient perchez sur les branches de cet arbre; les corbeaux, les chahuans y jettoient des cris funestes, & dés le matin une méchante choüette fit son ordure sur la tête de Pretintin.

Elle souffroit d'un état si triste consolée toutefois de souffrir seule, & que le beau Nirée fut en sûreté par le moyen de Tourbillon, oubliant la vûë de sa misere presente elle pensoit aussi tranquillement à son amant que si elle eût encore été dans le Palais de son Pere, quand portant la vûë de tous côtez, elle apperçut la Fée avec Arrogant qui tenoit dans ses mains un fatal cordon, & deux nains contrefaits qui le suivoient.

Elle se douta que c'étoit sa derniere heure, & qu'on l'alloit faire mourir; quelque fermeté d'ame dont elle se piquât, elle eut grand peur, & un sentiment naturel luy fit porter à sa bouche sa petite trompette parlante qu'elle avoit dans sa poche, elle appella de toute sa force Tourbillon.

Ce son fut si prodigieux qu'il causa un tremblement de terre universel. Quelques Villes en abimerent, des montagnes tomberent, les tigres & les lions doux en ce tems-là comme des chiens & des agneaux sont devenus depuis terribles.

Bien des gens moururent de frayeur, le Roy

d'Armenie paſſa le pas, & la Fée qui n'étoit pas préparée à cet évenement, tomba évanoüie, Arrogant & les Nains creverent, & l'arbre dans lequel étoit Pretintin ſe ſecoüant horriblement, elle apperçut avec admiration qu'il étoit devenu tout d'or, que ſes branches étoient toutes brillantes de divers émaux de toutes couleurs; tout chargé de pierreries lumineuſes, le creux dans lequel elle habitoit, étoit une belle chambre que tous les ornemens imaginables embellissoient.

Mais rien ne la satisfit tant que la vûë du beau Nirée, & celle de Tourbillon, elle fit un cri de joye, Tourbillon s'amusoit à badiner sur la frayeur ou tout l'Univers étoit plongé, mais Nirée que son amour éclairoit ne perdit pas de temps, & voyant l'évanoüissement si profond de la Fée, il porta une main hardie sous ses jupes & luy défit la fatale ceinture. Joyeux d'un tel butin, il le montra à la Princesse;

Tourbillon qui loüa sa presence d'esprit rentra dans son Palais, il fut prendre l'oreiller de Morphée, & le mettant doucement sous la tête d'Uliciane.

Elle dormira, dit-il, à Nirée, jusqu'à ce qu'une fille qui naîtra de vous & de Pretintin, & qui sera aussi belle que sa mere, l'eveille & la tire de là, ayant autant de bonté qu'elle a été jusqu'icy cruelle.

En disant cela Tourbillon & Nirée la porterent dans l'arbre d'or, &

la mirent dans la magnifique chambre, l'oreiller sous sa tête, sa ceinture fût penduë à une branche de l'arbre, & les deux Nains furent mis avec Arrogant à l'entrée de l'Isle.

Uliciane reposa ainsi long-temps, & le Roy d'Armenie étant mort, la belle Pretintin fut coûronnée Reine, & se maria avec le beau Nirée, ne devant leur bonne fortune qu'aux obligations qu'ils avoient à leur bon amy Tourbillon.

Quelques défauts qui soient en vous,
Volontiers on les souffre tous,
Si la bonté du cœur se montre toute pleine :
Si vous sçavez à point servir un malheureux,
Et si vous êtes genereux,
Sans reflexion & sans peine,
Un ami d'un tel prix est bien-tôt éprouvé,
Heureux celuy qui l'a trouvé.

www.ingramcontent.com/pod-product-compliance
Lightning Source LLC
Chambersburg PA
CBHW050632170426
43200CB00008B/976